Change Your Brain, Change Your Grades

# 適腦學習

### 5 種「腦型」，11 種「專屬學習法」，成績無痛直升！

suncolor
三采文化

國際知名腦科學權威、全美 No.1 精神科醫師

丹尼爾・亞曼博士 Daniel G. Amen ／著　　陳佳伶／譯

CONTENTS

CONTENTS

CONTENTS

CONTENTS

前言
# 個人專屬 找出最適合你的大腦學習模式

## 小測驗：你是哪一種學習者？

1. 你覺得你的成績應該更好嗎？

2. 學校課業讓你壓力很大嗎？

3. 當你讀書的時候，總是花了很多時間，卻覺得所有的內容都雜亂無章？

4. 你比班上成績最好的同學花更多時間讀書，卻沒有得到相同的結果嗎？

5. 你是不是花了太多時間在學習上，而沒辦法去做其他你想做的事？

6. 你是不是覺得在長假結束、開學之後，需要一些提振學習效率的方法？

7. 你覺得自己的課業表現好像快要不行了？

8. 你想知道一些簡單實用的技巧，幫助你更輕鬆學習，對自己的能力更有自信，並且開始享受學習的過程嗎？

若你對上述任一個問題回答「是」，那麼這本書就是你所需要的。

　　所有以成功為主題寫作的偉大作家，例如班傑明‧富蘭克林（Benjamin Franklin），戴爾‧卡內基（Dale Carnegie），史蒂芬‧柯維（Stephen Covey），雪柔‧桑德伯格（Sheryl Sandberg），都錯過了成功最重要的祕密——因為他們當時還不具有能夠看見這個祕密的技術。

　　基於全世界最大的大腦影像資料庫，我們知道人生中所有成功和失敗，都仰賴你兩耳之間的大腦，無時無刻運作所維持。

　　你所做的每個行為和屬於你的一切特質，都囊括在你的大腦活動中，包括你如何思考、感受、行動、與他人互動。你的大腦是一個與愛、學習、個性、性格，以及你做的每個決定都相關的器官。依據過去三十年判讀超過十五萬例大腦掃描影像的經驗，我知道當你的大腦正常運作時，你的日常生活就會一帆風順——無論是學業、工作、人際關係、金錢、健康和其他任何事。同樣地，當你的大腦不管為了什麼原因而混亂時，你的生活就可能會陷入麻煩。將你的大腦調整到最佳狀態，學習對你而言就會輕鬆得多。

　　我承認，我在中學的時候只是一個成績普通的學生，但在大學和醫學院，我卻以接近全班第一名的成績畢業。我是怎麼做到的？我用我的大腦來制定一些簡單的策略，讓我在讀書和學習時的效率更好。如果我都能做到，你也一定可以。

　　本書運用我在腦神經科學和精神科學的專業經驗，加上最新的大腦科學研究，希望能幫你更有效率、更快地學習，

持續保持專注讓你達成學業上的目標。這個策略也是根據我和傑西‧沛恩博士（Dr. Jesse Payne）共同創立的大腦健康計畫——「二十五歲前活絡大腦」（www.brainthriveby25.com）——中所提出的概念。這個計畫會教導學生如何愛護與照顧他們的大腦，目前在全美五十個州和七個國家推廣中。這套課程包括基礎的腦神經科學知識：腦部如何發展、性別造成的腦部差異、毒品和酒精對腦部的影響、如何營養均衡、壓力管理、消除 ANT（automatic negative thoughts，自動負面思考）的課程，與如何舉辦一個促進大腦健康的派對。這套課程非常受歡迎，已經改變了所有參與者的人生。

### 克羅伊和艾莉莎的科技小訣竅

若你懷疑自己可能有學習困難或是注意力缺失（Attention Deficit Disorder, ADD）、注意力不足過動症（Attention Deficit Hyperactivity Disorder, ADHD），請做附錄 B 的問卷。若有必要，請尋求治療。

大腦中有好幾個分區跟一個學生能否成功畢業有關。在第一章，你會認識一些大腦分區，以及這些大腦分區對學習、保存資訊、維持條理、上課專注與自信個別扮演什麼樣的角色。每一個大腦都非常獨特，了解你的大腦屬於什麼類型，以及你獨特的大腦如何運作是很重要的步驟。藉由書中介紹的簡單技巧，你可以將大腦進一步優化，讓

自己成為一個更成功的學生——不管你現在幾歲都一樣。

　　本書可以幫助許多不同類型、範圍的學習者，無論你是成績有待加強的學生、壓力過大的學生、重新回到校園的大人、參與職訓，或只是想讓學習變得更加輕鬆的人。

　　**如果你的成績有待加強**：如果你的成績比你想像的差，你可能覺得自己是個平庸的學生，不是那麼聰明、智商可能也不是很高。然而，研究認為，預測學業成績的時候，學習方法比智商更重要[1]。事實上，你可能不是很了解要怎麼做才能更有效率地學習，但你的學習能力絕對不平庸。好消息是，你可以改變你的學習策略，讓你更成功。想像一下，如果你在滿是學生的班級裡名列前茅，感覺會有多棒。這難道不會讓你的學習更有樂趣，也更享受嗎？我看過成績 C 的學生，在學習過這些技巧後，後來持續保持 B 甚至 A 的成績，課業壓力也大大減輕。

　　**壓力過大的學生**：這本書對於好學生，也就是認為在課業上需要使用大量積極策略以取得成就的人，也同樣有用。你是否會為了角逐課業成功，而忽略了生活中其他領域？為了成為 A+ 的學生，你每天晚上都必須埋首書堆直到凌晨兩點？那其實不切實際且有害健康。你是否想學習用更有效率的方法，用較少時間、較小壓力達成同樣的成果，讓自己有空間自我成長，經營更有樂趣、更平衡的生活模式？

　　**重新回到校園的成人或參與職訓**：本書對離開校園一段時間又重回學校的社會人士，或進行與職訓的人也有幫

助。據估計，美國有大約四分之一的成人都在進行某種例行性的學習，在許多專業技術或商業領域，每五到六年就需要重新訓練，才能跟上該領域的最新知識。如果你也屬於這種人，你可能比一般大學生有更多事要忙、更少的時間學習。這意味著，你必須了解最有效率的學習方法，來達成你的目標。運用技巧或走捷徑，並不是逃避的意思，而是多繞一里路去取得你想要的成功之外，同時也讓你的生活更加快樂，壓力更低。

**想讓學習變得更加輕鬆的人**：你是否想在出國度假前學習某種外語？上一套財務課以增加你的投資知識？或者你只是想用輕鬆地高分通過考試？不論你是哪一類型的學習者，都可以從本書中的技巧獲益。本書教導的原則非常實用，能夠輕鬆地應用在幾乎所有的學習上。

# 本書與眾不同的六個特色

市面上已經有很多教人如何學習的書，這本書與眾不同的特色又在哪裡？本書將系統性地探討所謂的「學習能力」，並提出各種實際的解決方案。這本書會給你許多自我激勵的方法，不只提升你的學習成果，也能讓你真正享受學習的過程。

以下六點，是本書為什麼獨特的地方：

1. 本書將會教你如何將你用來學習的器官——也就是

你的大腦——調校到最佳狀態。

2. 本書不只討論如何學習，也討論如何從一個學生的身分得到好處，以及同時如何做到這兩點而不影響你生活的其他領域。

3. 本書作者以研究人類大腦和人類行為為業。身為一位精神科醫師、精神科學家以及大腦健康專家，我曾經看過數千位各種年齡層、遭遇學習困難的學生，運用本書提到的策略克服他們的學習困境後成功的案例。我離開學校有一段時間了，所以我也請教我十幾歲的女兒克羅伊、姪女艾莉莎，幫助我讓這本書與二十一世紀的學生更有關聯。在這整本書裡，你可以尋找「克羅伊和艾莉莎的科技小訣竅」小方框，參考她們對於如何有效使用這些技巧的見解。

4. 學習的祕訣包羅萬象，不只是準備考試、時間管理和組織技巧。這本書還會介紹關於改變習慣和發掘動機的威力（第三章）、準備學習的方法（第四章）、課堂學習技巧（第八章）、與同伴一起讀書（第十章），以及向老師請益（第十一章）。

5. 本書描繪的每一個方法和建議，都是經過數千位學生的驗證和證明。不管其他人怎麼想，我只會告訴你我知道確實有效的方法。

6. 本書的目的，不是鉅細靡遺地教你如何在每一個科目上取得好成績。請把這本書看成你的使用手冊

——提供你靈感、實際的構想，以及讓你遠離繁重
課業壓力下愉快的調劑。你可以很快地讀過，現學
現賣書中所有的重點。當你學會使用本書中的技巧，
在學習任何科目上，你將能學得更快也記得更久。

## 聰明地工作，而非只是努力工作

使用書中的工具和方法，你就會發現如何才能更聰明
地工作，而非只是憑藉努力。你會開始停止浪費時間在漫
無目的的學習上，而專注在最重要的項目，讓自己努力更少，
但學到更多。你也能幫助自己在學習上更加順利，學到更
多在人生中繼續學習成長的技巧。當然，在你學會運用這
些技巧之後，你的成績與自信、甚至社交生活，都會有顯
著成長。

本書特別在幾個方面能對你有所幫助：

1. 丟掉學習時的壞習慣，採用更聰明的學習方法。
2. 幫你發現準備課業更好的方式，使你用更少的時間
   取得更多成果。
3. 用更宏觀的角度幫你發展紮實基礎，更快速地學習
   任何事物。
4. 更有效率地打理你自己、安排你的時間。
5. 了解不同的學習方法，並選擇最適合你的方式。
6. 學習如何將課堂上的重點化整為零，用更聰明的方

法做筆記。

7. 更快速記憶並且記得更持久。

8. 學習如何挑選共讀的朋友，瞭解為何兩個腦袋比一個要來的更管用。

9. 更親近老師並和老師保持溝通，將老師變成你的寶貴資源，而不只是幫你改作業的人。

10. 有技巧地準備考試並且表現得更好。

11. 增強你的寫作和演說技巧。

12. 教你如何消除那些不讓你成功的自動化負面思考，提升你的自信。

13. 發揮你的最大潛能。

## 上車吧！

C. S. 路易斯（C. S. Lewis）在他的著作《開往天堂的巴士》（*The Great Divorce*）裡，寫到一群在地獄裡的人。他清楚地寫著，這些人的行動和態度，正是導致自己遭遇不幸的理由。故事裡，這群人有個機會搭上一輛繁忙的公車，將他們從地獄載往天堂；唯有選擇上車，選擇改變的道路，他們才能抓住機會改善自己所處的環境。透過本書，你也可以取得你的車票，讓你的學習力更加提升。現在就搭上這班車吧！去找有效學習和更高成績的方法——相信你一定能樂在其中的！

第 1 章

# 調校你的大腦
## 在學校取得優異表現的第一步

　　人類的大腦是宇宙間最複雜又奇妙的器官。你在學校表現成功的能力，與大腦中許多不同分區的功能有關。如果你想在班上表現優異，第一步要做的就是認識你的大腦。畢竟，是你的大腦決定你要繼續玩那些無腦的電動遊戲，還是待在圖書館念書；是你的大腦讓你拖拖拉拉，結果必須熬夜苦讀；大腦也能幫你提前規劃，好讓你在大考前一晚有充足的睡眠。在本章，我們會探討腦部幾個不同的系統、它們各自的功能，以及大腦賦予我們的優點和弱點。我們也會討論三種優化大腦的策略，這是成為更傑出學生的第一步。但是，先來看看這四十一個關於大腦的驚人事實：

1. 大腦約有一千億個神經元（腦細胞）。
2. 每個神經元都與其他神經元連結，神經連結的數量數以萬計。
3. 大腦中的連結比宇宙中的星球數目更多。
4. 一顆沙粒般大小的腦部組織，具有十萬個腦細胞和超過十億個相互連通的神經連結。

5. 大腦會修剪不再使用的連結：用進廢退。

6. 大腦的重量約一．三六公斤，占體重的二％。

7. 然而，大腦消耗你所攝取的總熱量的二○％到三○％；

8. 以及你所吸入氧氣量的二○％；

9. 還有你全身體液的二○％。

10. 大腦需要持續的氧氣供應，只要缺氧五分鐘就會造成部分腦細胞死亡，而導致嚴重的腦部損傷。

11. 大腦的質地就和軟質奶油、豆腐或乳酪一樣。

12. 大腦非常、非常容易受傷。

13. 柔軟的大腦被安置在一個非常堅硬的頭骨裡，內側有很多明顯的骨嵴。

14. 大腦儲存的資訊量約等於六百萬年份的《華爾街日報》（*The Wall Street Journal*）。

15. 大腦的八○％是水。

16. 身體脫水達到二％就會對專注力、記憶力和判斷力造成負面影響。

17. 大腦完全脫水後，約有六○％的淨重是脂肪的重量。

18. 長期低脂飲食對大腦不太好。

19. 身體膽固醇中約有二五％是在腦部，而且對腦部健康不可或缺。

20. 已知膽固醇總指數如果低於一六○，與殺人、自殺、

憂鬱症和各種死因有某種相關性。

21. 嬰兒的頭看起來很大，是為了保護他們快速成長的大腦。

22. 一個兩歲小孩的腦部大小，約是成人大腦的八〇％。

23. 大腦的活動約在八歲達到巔峰，然後開始下降，直到二十五歲趨於穩定。順道一提，這也是汽車保險費率改變的時間點，因為大腦發育完整後，人們在開車上路，以及在人生其他各方面，都更有能力做出好的決定。

24. 腦部傳遞訊息的速度每小時約二六八英里，這比一級方程式賽車（時速約二四〇英里）更快。

25. 大腦每天相當於持續產生十二到二五瓦的電力。

26. 大腦在一天當中平均產生多達五萬個想法。

27. 在不到十三毫秒的時間內，大腦就可以產生一個視覺圖像，比一眨眼的時間更短。

28. 全世界功能最強大的電腦之一（日本的超級電腦K）是為了模擬人類大腦活動而設計的，它花了四〇分鐘才處理完相當於人腦一秒鐘所處理的資訊量。

29. 一旦你停止學習，大腦就會開始走向死亡。

30. 腦部發炎是憂鬱症和痴呆症的主因之一。

31. 牙齦疾病會增加腦部發炎的症狀。

32. 多攝取魚類能幫助降低腦部發炎。

33. 憂鬱症會提高女性罹患阿茲海默症的風險兩倍，男人則多達四倍。

34. 大腦在夜間會進行重新整理，這也是為什麼睡滿七個小時非常重要（如果你是青少年就更為重要）。

35. 晚上睡足七個小時的士兵，隔天在打靶場射擊的準確率達九八％；只睡六個小時的士兵，準確率只有五〇％；只睡五小時，準確率則三五％；只睡四個小時，準確率只剩一五％（這些人很危險）。

36. 腸道健康與大腦健康息息相關。你的腸道能夠分泌對大腦健康非常重要的維生素和神經傳導物質。

37. 酒精會使新的記憶無法形成。

38. 酒精對大腦非常不健康。

39. 我的團隊發表的研究成果提出，大麻會使腦部提早老化。

40. 大腦中約有三〇％的腦區掌管視力，這也說明為什麼我們對影像比對文字更容易有反應。

41. 暴露於暴力節目的孩童，其大腦活動和暴露於戰爭中的士兵一樣。

## 一趟簡短的腦部導覽

　　大腦中最引人注意的結構，就是大腦皮質，它是腦部上方一團皺皺的組織，覆蓋了大腦其餘的部位。大腦兩側

的皮質可以各別分為四個主要區域，稱為腦葉。另外一個很重要的結構，稱為小腦。

1. 前額葉〔Frontal Lobes（尤其是前額葉皮質 Prefrontal Cortex, PFC）〕：有目的性的動作、計劃，以及前瞻型思考。

2. 顳葉（Temporal Lobes）：視覺和聽覺處理、記憶、學習、穩定情緒。

3. 頂葉（Parietal Lobes）：方向感、數學、建構。

4. 枕葉（Occipital Lobes）：處理視覺影像。

5. 小腦（Cerebellum）：運動技能、思考協調、處理複雜的資訊。

## 當大腦運作正確的時候，工作就順利
## 當大腦陷入混亂時，學習就會出現麻煩

當大腦很健康的時候，你會很有效率、充滿創意、專注、有條不紊。但如果你的大腦陷入混亂──不管是什麼原因理由──你在學校就可能因此有某些進行計劃、專注力、組織和記憶等方面的問題。大腦組織裡任何細微的變化都可能妨礙你達成你設定的學業目標。好消息是，你並不會被自己的大腦困住。你可以改變你的大腦，進而改善你的成績。調校大腦，是成為更好的學生的第一步。

# 你的大腦

## 大腦的外觀

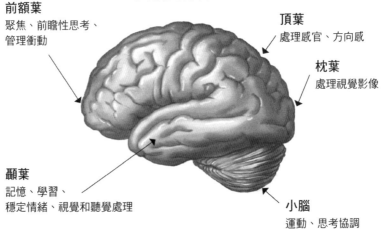

**前額葉**
聚焦、前瞻性思考、管理衝動

**頂葉**
處理感官、方向感

**枕葉**
處理視覺影像

**顳葉**
記憶、學習、穩定情緒、視覺和聽覺處理

**小腦**
運動、思考協調

## 大腦的內部

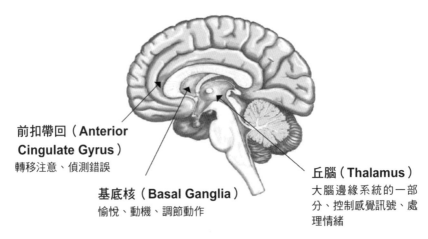

**前扣帶回（Anterior Cingulate Gyrus）**
轉移注意、偵測錯誤

**基底核（Basal Ganglia）**
愉悅、動機、調節動作

**丘腦（Thalamus）**
大腦邊緣系統的一部分、控制感覺訊號、處理情緒

# 大腦分區：主要功能與可能的症狀

| 大腦系統 | 功能 | 問題 |
|---|---|---|
| 前額葉 | 專注<br>前瞻性思考<br>規劃<br>判斷<br>控制衝動<br>組織<br>同理心<br>從經驗中學習 | 專注週期過短<br>容易分心<br>缺乏堅忍<br>管理衝動問題<br>躁動<br>慢性遲緩<br>時間管理不佳<br>沒有秩序<br>拖延<br>無情緒<br>判斷力差<br>無法從經驗學習<br>低同理心 |
| 前扣帶回 | 轉移注意的能力<br>認知彈性<br>適應性<br>轉換想法<br>看見選擇的能力<br>順從的能力<br>合作的能力<br>偵測錯誤和不正常狀況的能力 | 意志堅強<br>擔憂<br>沉溺於過去的傷害<br>被想法困住（著迷）<br>被行為困住（強迫）<br>對立行為<br>好爭辯<br>不合作<br>直接說不的傾向<br>上癮行為（酗酒或吸毒、飲食失調）<br>認知僵化<br>慢性疼痛<br>強迫症（Obsessive-compulsive Disorder, OCD） |

| 大腦系統 | 功能 | 問題 |
|---|---|---|
| 基底核 | 整合感覺和行動<br>養成習慣<br>控制動機和動力<br>設定身體的焦慮程度<br>切換精細身體動作、維持穩定<br>抑制不必要的動作 | 焦慮或緊張<br>焦慮的生理反應<br>負向思考<br>迴避衝突<br>迴避冒險<br>妥瑞氏症（抽動）<br>肌肉緊張、痠痛<br>顫抖<br>精細動作障礙<br>動力過強或毫無動力<br>對於被拒絕非常敏感<br>社交焦慮、對人際關係感到壓抑 |
| 丘腦／大腦邊緣系統 | 設定日常的情緒表現<br>用內心檢視外在世界<br>在內心將某事件標記為「重要」<br>儲存高強度的情緒記憶<br>調節動機<br>控制食欲和睡眠週期<br>促進關係連結<br>直接管理嗅覺<br>調節性欲 | 悲傷或憂鬱症<br>負面思考增加<br>對事件有負向思考<br>被負面情緒包圍，感到絕望、無助與罪惡感<br>影響食欲和睡眠<br>性欲減少或增加<br>社交疏離<br>痛苦 |
| 顳葉 | 聽覺<br>閱讀能力<br>理解語速與音調等弦外之音<br>短期記憶<br>長期記憶<br>以視覺辨識物體<br>情緒穩定<br>命名事物 | 誤聽訊息<br>閱讀障礙<br>社交上不適當的行為<br>無法解讀社交上的暗示<br>記憶障礙<br>想不到適合的字詞<br>視覺辨識力差<br>情緒不穩<br>感覺異常<br>生氣、易怒，思想負面 |

| 大腦系統 | 功能 | 問題 |
|---|---|---|
| 頂葉 | 方向感<br>感知<br>空間感<br>看見動作<br>視覺導引，例如抓取物體<br>用觸感來辨識物體<br>空間定位能力<br>能夠知道現在正從右移動到左<br>閱讀或是畫出地圖 | 覺得數學和寫作很難<br>沒有方向感<br>對於穿衣服或搭配物件有困難<br>左右不分<br>否認自己生病<br>失去本體覺<br>否認或沒有意識自己看到的東西<br>無法模仿、畫畫或切割東西 |
| 枕葉 | 視覺能力<br>色彩覺<br>線條<br>感知視覺深度的能力 | 視力缺損<br>知覺缺損<br>視幻覺<br>錯覺<br>功能性眼盲 |
| 小腦 | 思想協調<br>思考速度（像電腦般分秒必爭）<br>組織<br>動作協調<br>衝動控制 | 學習力差<br>思考速度變慢<br>思緒混亂<br>衝動<br>協調問題<br>走路速度變慢<br>說話速度變慢 |

為了將大腦調校到最佳狀態，你可以遵循下列三個簡單的方法：

- 珍愛你的大腦。
- 避開傷害大腦的事物。
- 做一些對大腦有好處的事。

**愛你的大腦**。大多數學生從未認為他們的大腦是用來學習的工具。你（和你的父母）購買各種用具幫助你念書，然而，大腦才應該是你最大的投資標的。

愛你的大腦，意思是在你做任何決定時，永遠以它為優先。無論何時，當你要做一個決定，問問自己：「這個決定對我的大腦是好還是不好？」

**避開傷害大腦的事物**。在我們每天的生活中，有很多事可能會傷害你的大腦，讓你在學校無法表現良好：

- 缺乏運動。
- 負面思考。
- 慢性壓力。
- 頭部創傷。
- 環境毒素。
- 毒品。
- 飲酒過量。
- 心理健康問題。

- 用藥過多。
- 荷爾蒙失調。
- 垃圾飲食習慣。
- 肥胖。
- 睡眠不足。

**從事對大腦有益的事**。令人興奮的是，有很多事情能提升你的腦力，有助於使你的大腦功能最佳化：

- 學習新的事物。
- 建立情感關係。
- 為生活建立目標。
- 體能運動，特別是需要協調的運動（桌球、跳舞等）。
- 控制你的思考。
- 學習靜坐與釋放壓力的技巧 。
- 保護你的頭部，避免受傷。
- 避免使用毒品、喝太多酒。
- 如果心理不舒服，尋求協助。
- 保持荷爾蒙平衡。
- 營養充足。
- 服用營養品（omega-3 脂肪酸；維他命 B6、維他命 B12、維他命 D，以及葉酸）。

　　當你開始調校你的大腦，你就會發現帶入本書中所有的小技巧和工具都會變得更加容易。而這將是一條幫你成為好學生的快速道路。

第 2 章
# 你的大腦屬於哪個類型
## 如果你從未做過大腦掃描

你為何會有那樣的行為？

你為何會那樣思考？

你如何展現最好的自我？

你要如何與老師和其他同學有更好的互動？

想知道這些深奧問題的解答，必須學會認識你的大腦。大腦掌管你的思考、感覺、行動和互動的方式。學習關於大腦的知識，特別是你的大腦屬於哪種類型，將能幫助你在學校和人生中其他領域表現突出。學習他人的大腦類型，會幫助你改善你和老師及同學們的關係，讓你在學校有優異的表現。

一九八○年晚期，我開始以一位精神病學家的身分研究大腦，尋找能幫助我的病人更快恢復的方法。我和我的同事用一種稱為量化 EEG 的測驗（qEEG），它能評估大腦的電波活動。一旦我們知道一個人的大腦類型，就可以教導這個病人使用像是神經回饋的技術來改變他的大腦。這

就是我起初寫這本書的靈感來源。我們證明了你不會被你的大腦困住，而可以讓它運作得更好。一九九一年，我們將 SPECT（單光子電腦斷層掃描儀）加入我們的設備中。

## 準備你的大腦，做更好的學習

　　在你翻開書本或是踏進教室之前，準備學習的工作就已經開始──從你的大腦開始。如果你的大腦很健康，你的學習就容易得多，如果你的大腦不健康，你在學業上就很難取得成功。過去三十年來在亞曼臨床中心（Amen Clinics），我們採用一種革命性的方法診斷和治療病人。我們使用稱為 SPECT 的腦部造影技術，去觀察腦部的血液流動及活動。在這些腦部掃描中，完整、對稱的活動表示大腦是健康的，而出現孔洞則表示有些區域的血液流動和／或活性明顯低落。

　　**你也不想要腦袋有洞吧！**當我們的病人看見他們的大腦，能幫助他們了解自己的問題並不完全是個人的問題，而是醫學上的症狀。他們會對自己的大腦感到抱歉，採取必要的措施好讓大腦更加健康。

## 腦部表面 SPECT 掃描

健康的大腦（從上往下看）　　因毒品和酒精濫用致毒的大腦

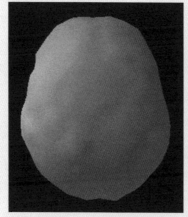 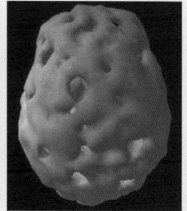

完整、平均、對稱的活動　　　鬆散或整體活性低落

### 有創傷性腦部傷害的十五歲病人

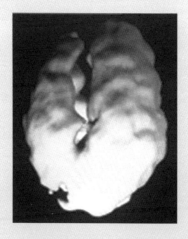

左腦損傷

## 注意力缺乏症（底面視圖）

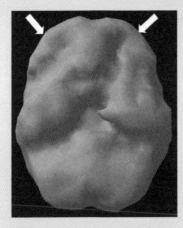 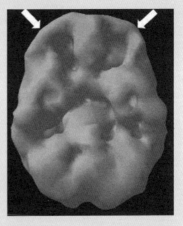

休息時：良好的前額葉活動（箭頭指向處）　　集中注意時：前額葉活性低（箭頭指向處）

## 患有過動症的青少年（底面視圖）

治療前　　　　　　　　　　　　治療後

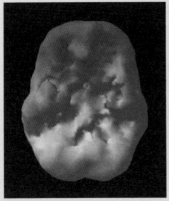 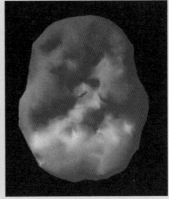

低額葉活動　　　　　　　　　　整體顯著改善

## 活躍的 SPECT 掃描

這裡有一些關於「活躍的」SPECT 掃描的例子。灰色背景部分代表一般活性狀態。白色區域代表前一五％活躍的區域，就成人而言，大部分位在腦部後方底部稱為小腦的部位（拉丁文 cerebellum）。腦部有將近五〇％的神經位於此區域。

### 健康的活動掃描（視角為由上往下）

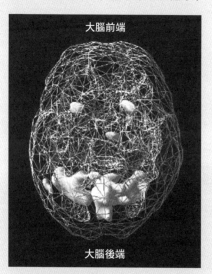

灰色部分是一般活性；白色部分是顯示大腦前一五％最活躍的區域

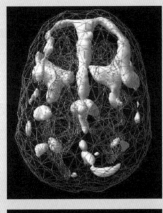

**強迫症的特徵**

在額葉的活性顯著增加；額葉太努力工作，平靜下來，會讓人感覺比較舒服

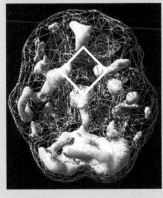

**創傷後壓力症候群**

圖片中的鑽石型區域，也是大腦深層處理情緒的區域。活性太高的區域需要恢復平靜

　　就算你沒有心理健康的問題，提升你的腦部健康能讓你更輕易地名列前茅，而不需要放棄生活中對你而言也很重要的其他方面。關鍵就是，讓你的大腦準備好學習。（第十五章有更多詳細資訊，以及附錄 A。）

　　以下這張海報，懸掛在全世界超過十萬個學校、監獄，以及心理治療師的辦公室。

你想要哪一個大腦？

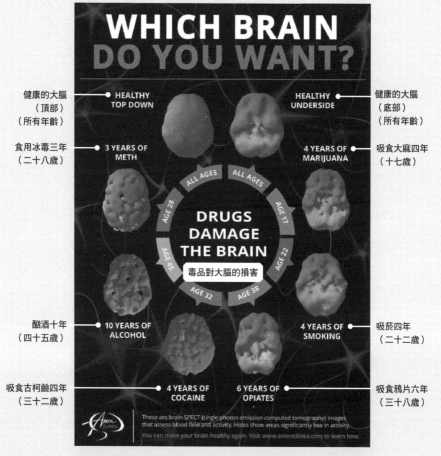

這些是評估血液流動和活性的大腦 SPECT 影像。空洞部分顯示活性明顯低落的區域。

你可以讓你的大腦再次變得健康。

辦法請參閱：www.amenclinics.com

　　一開始，我的團隊很天真地尋找每一種重大心理疾病，是否具有特殊的腦波和血液流動型態——例如焦慮症、憂鬱症、成癮症、躁鬱症、強迫症、自閉症和注意力缺失／注意力不足過動症——但是，我很快發現，沒有哪個大腦影像與任何這些疾病相關。相反地，這些疾病都有多種類型，需要有各自的診斷方式。這很合理，就拿憂鬱症來說，並非所有人的症狀都相同，有些人較為憂鬱，有些人較為憤怒，還有一些人較為焦慮或有強迫傾向。若只依據症狀、以單一標準衡量所有精神疾病患者，只會導致失敗和令人挫敗的結果。

　　不過，這些掃描確實幫助我們了解每個人的焦慮、憂鬱、注意力不足過動症、肥胖與上癮症，好讓我們更聚焦於人類大腦的治療方式。這個想法讓我們在治療上有重大突破，也為數萬名求診者、數百萬的讀者，或曾經在電視上看過我們節目的觀眾，打開了希望的大門。我在之前出版的書中寫到：

- 七種注意力缺失／注意力不足過動症。
- 七種焦慮和憂鬱症。
- 六種上癮症。
- 五種貪食症。

　　了解你的大腦類型，對於尋找正確的協助非常重要。

　　除了探討精神健康問題之外，我們在掃描中也發現不

同的人格類型。掃描影像揭露了非常多關於「個性」的訊息──包括思考模式、行為，以及與他人互動的方式：

- 如果大腦的血流充足、平穩，所有區域都相互對稱，我們稱這樣的大腦為平衡狀態。
- 當大腦前端區域活動力降低或較平均而言活性較低，人們就會傾向衝動和主動性。
- 當大腦前端比一般而言更活躍，人們較可能擔憂更多，而且更有堅持力。
- 當大腦邊緣的「情緒」區比平常更為活躍時，人們較容易覺得感傷，而且變得更敏感。
- 當大腦的基底核和杏仁核（Amygdala）比平常更活躍時，人們傾向於感覺更焦慮，也變得更謹慎。

在我剛開始看腦部掃描時，我會在沒有關於病人任何資訊的情況下「盲」讀。除了掃描影像，什麼都沒有，我發現我這樣已經能夠得知一個人很多的訊息。當然，我們評估每一位病人時，都會詳細了解他們的生活。不過，我還是很喜歡在只看掃描的情況下問他們：「你認為你是不是常常這麼想……？」

曾經有一位老師前來拜訪，想知道更多我們幫助注意力不足過動症的學生，減輕學習障礙的過程，讓她比較放心向尋求協助的家長推薦我們的服務。她想讓自己先接受大腦掃描，之後再請我們只憑掃描結果告訴她關於她的事。

她拒絕告知任何關於自己的人生經驗。我告訴她，我們對於病人，一向是把掃描結果放在他們生活的脈絡中檢視。但她依然堅決想知道只看掃描能得到什麼結果。我們幫她做了掃描，結果顯示她的大腦前端部分與我們的健康組相較更為活躍，這顯示她與我們的「堅持」型大腦呈正相關。

「所以，請告訴我關於我的事。」她很堅持。

「你比較可能是堅持而且意志堅強的人，你非常善於完成事情。」

她微笑地承認，我都說對了。

「但是，」我說：「當事情不順你的意時，你會生氣。你有固執的傾向，而且你很常說『不』。」

「不，我不是。」她反擊。

「你沒有常說『不』嗎？」我問她。

「不，不，不，不，我沒有。」她說，然後暫停了一會，笑了出來。「嗯，可是我真的常先說不。」

## 關於人格類型的簡史

古往今來，已經出現許多試圖將人和個性歸類的說法。希臘物理學家希波克拉底（Hippocrates）認為，人的四種基本氣質性格是由於過多或缺乏特定體液所造成：

- 樂觀的（外向、善於社交、喜歡冒險）。
- 冷淡的（放鬆、平靜、隨和）。

- 易怒的（主導、果決、目標導向）。
- 憂鬱的（深思熟慮、內斂、內向、感傷、焦慮的）。

我必須承認，從孩提時代開始，我就很迷查爾斯‧舒茲（Charles Schulz）的《花生漫畫》（*Peanuts*）。當我還是個年輕的士兵，派駐在西德時，我甚至還用史努比（Snoopy）圖樣的床單（噓，不要告訴任何人）。我對這個連環漫畫的熱愛一直延燒到我大學畢業，我甚至還發現一個創意的方法，把這個主題放進我心理學的第一份回家作業中。那堂課是關於氣質和個性，我用《花生漫畫》裡的角色當作希波克拉底四種氣質類型的範例。很明顯，史努比是樂觀型的，施洛德是冷淡型的，露西是易怒的，查理‧布朗是憂鬱的。自從寫了那篇報告之後，我就沉迷於將人類個性分類的科學研究中。

老師、老闆和心理治療師，通常會使用性格測試，以幫助他們了解學生、員工和病患。以下是較為著名的三種測驗：

- 邁爾斯—布里格斯性格分類指標（Myers-Briggs）：基於四組行為模式——外向對內向、理智對直覺、思考對感受、感知對評斷——區分為十六種性格類型。
- DISC人格特質測驗：以四種特質為主〔D：Dominance（支配性）、I：Influence（影響性）、S：Steadiness（穩定性）、C：Compliance（服從性）〕，

通常用於商業——主導、影響、穩定、盡責。

- 五大人格測驗（Big Five）：基於五種性格面向
  ——外向、親和、開放、認真、神經質。

這些測驗賦予人一種獨特性和歸屬感，然而，即使這些測驗的用途廣泛，在其實際應用的背後，卻只有非常少的神經科學理論基礎。在上述測驗中，五大人格測驗模型是最廣為神經科學家們接受的模型架構。

## 基於十六萬張 SPECT 大腦掃描
## 和三百萬份問卷的新模型

多年來，我們的大腦攝影工作被認定為更準確診斷和治療人們心理健康問題的有效工具。愈來愈多人想進行大腦掃描，但缺乏資源，或是居住地距離我們的臨床中心太遠。為了盡可能幫助更多人，我們開發一系列問卷，幫助人們預測自己的大腦在接受我們的掃描後可能的模樣。當然，做問卷和真正接受掃描是無法相提並論的，但這已是僅次於最佳的選項了。在過去三十年中，數千位心理健康專業人士在工作上使用過我們的問卷，他們的回饋是，這項工具完全改變他們的認知，以及協助病患的方法。

在二〇一四年，我們創建了免費線上「大腦健康評估」（Brain Health Assessment，BHA；網址 www.brainhealthassessment.com），能提供對於你大腦類型的解

釋，並針對腦部健康的重要區域給予評分。直至我撰寫本
書的日期為止，全球已有超過三百萬人在線上做過 BHA 測
驗。BHA 測驗中的問題，是將三百個問題的答案與其所顯
示的腦部區域活動做有效的比對。最具預測性的三十八個
問題為選定題。

**大腦健康評估測驗（BHA）**
www.brainhealthassessment.com
（Powered by BrainMD, a division of Amen Clinics）

今天，在研究超過十六萬個 SPECT 大腦掃描影像後，
我們已經找出五種主要的大腦類型，和十一種大腦型態的
組合：

## 主要的大腦類型

類型一：平衡型。

類型二：自發型。

類型三：堅持型。

類型四：敏感型。

類型五：謹慎型。

## 大腦類型組合

類型六：自發－堅持型。

類型七：自發－堅持－敏感型。

類型八：自發－堅持－敏感－謹慎型。

類型九：堅持－敏感－謹慎型。

類型十：堅持－敏感型。

類型十一：敏感－謹慎型。

類型十二：自發－堅持－謹慎型。

類型十三：自發－謹慎型。

類型十四：自發－敏感型。

類型十五：自發－敏感－謹慎型。

類型十六：敏感－謹慎型。

　　測試你的大腦類型，能幫助你更了解你在學校的學習、研讀和表現，以及你如何和老師、同學及他人互動。它可以幫助你知道如何將你獨特的大腦最優化，讓你在學校的表現更成功。

## ▋ 瑪雅和傑姬的例子

　　十六的瑪雅就讀高中一年級，她的課業表現不如班上其他人，感覺很吃力，她正努力準備參加 SAT 考試〔美國的學術能力評估測試（Scholastic Acessment Test）〕。她的房間很亂，常常找不到上課筆記或是準備 SAT 考試的資料；念書時，她無法保持長時間專注，很容易被社群媒體分心。因此，她在某些方面的表現落後。她開始認為自己無法上

大學，既然如此，為何要費力準備 SAT 考試？她的母親傑姬總是催促她多念點書、更用功一些，或是提醒她正在偷懶，但這只會增加瑪雅的挫敗感。

瑪雅的大腦類型屬於第十三類（自發－謹慎型），她的前額葉皮質（與注意力障礙、無秩序，以及衝動管理問題相關）活躍度低，合併基底核和杏仁核的活躍度增加（有焦慮和預測最壞狀況的傾向）。

傑姬的大腦類型屬於第三類（堅持型），大腦前方的活躍度高於平均值。她喜歡主導和完成事情，而且期待每個人也都能有效地完成自己的待辦工作。所以，她認為瑪雅只是偷懶，不想按照讀書計畫走。傑姬討厭事情出現狀況，所以她會因為瑪雅的房間一團混亂而不高興。這些負面想法深植在傑姬的腦海裡，還會提起瑪雅幾年前做錯的事，然而這樣對瑪雅而言只是雪上加霜。

為了幫助她們，必須平衡瑪雅和傑姬兩個人的大腦。我們使用針對各自大腦類型的營養補充品和生活方式管理。幾個星期後，瑪雅變得更有秩序，也更專注於學習。這帶給她自信心，並且激勵她有更好的表現，進而爭取上大學的機會。傑姬了解到，瑪雅的大腦運作方式與自己不同，因此不再期望她看待課業的方式和自己在她那個年紀時一樣。在傑姬的大腦平靜下來之後，她對瑪雅沒有做好的事不再發脾氣了，也不再為她幾年前犯的錯而對她嘮叨。

瑪雅的 SAT 測驗結果比自己預期的更好，後來也如願

進入第一志願的大學就讀。她和母親的關係比以前好很多，整體說來，她們兩人的壓力都減輕了。了解你和你生命中重要人士的大腦類型，不只可以幫助你的學業表現，也可以增進你們的關係。

## 認識你和你生活中核心人士的大腦類型

想確定你的大腦類型，請掃描第 39 頁的 QR code 接受免費的「大腦健康評估」測驗（只要花五到七分鐘），並將結果與你的家人和校內的朋友分享。這裡有一個關於五種主要大腦類型的簡單摘要。

### 1. 平衡型大腦：對稱型腦部活動的優點和挑戰

平衡型大腦是最常見的大腦類型之一，這個族群通常言出必行，遵守約定準時出現，對自己承諾的事情會貫徹到底。一般說來，他們不喜歡冒險，也不是喜歡嘗鮮的使用者，就拿小朋友最喜歡的著色畫來說，他們小時候喜歡著色在線條的範圍內。這群人喜歡規定，也會遵守規則。由於其高度的責任心和缺乏冒險的行為，他們的壽命通常較長。

我們的影像結果顯示，這類大腦型態的人通常整個大腦活性分布完整、均勻且對稱。最活躍的區域在小腦—大腦主要的訊息處理中心之一。

| 平衡型大腦類型的人通常會 | 平衡型大腦類型的人通常不會 |
| --- | --- |
| 保持專注<br>展現良好的衝動管理能力<br>盡責<br>有彈性<br>正面積極<br>有活力<br>情緒穩定 | 注意力短暫<br>衝動<br>不可靠<br>負面消極<br>焦慮不安 |

### 平衡型大腦

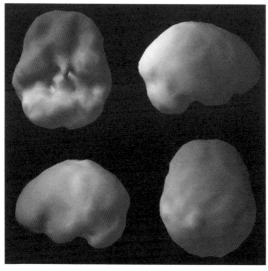

大腦活性分布完整、均勻且對稱。

## 2. 自發型大腦：前額葉皮質不活躍的優點和挑戰

擁有自發型大腦類型的人，通常很喜歡在當下受激勵去做某件事，喜歡嘗試新事物，認為規定不適用於他們。他們可能在組織裡掙扎地生存著，也可能從事冒險的行為。

| 自發型大腦類型的人通常會 | 自發型大腦類型的人通常不會 |
|---|---|
| 自動自發 | 討厭驚喜 |
| 冒險 | 避免冒險 |
| 表現創意和突破框架的思考 | 喜歡例行事務 |
| 好奇 | 喜歡一致 |
| 興趣廣泛 | 遵守規定 |
| 喜歡驚喜 | 實際 |
| 不安定 | 表現對細節的注意 |
| 容易分心 | 表現良好的衝動管控能力 |
| 必須有高度興趣才能專注 | 安定 |
| 在組織中掙扎 | |
| 開會時遲到或匆忙趕到 | |
| 確診為注意力不足過動症 | |

我們的影像結果顯示，這類大腦型態的人通常在大腦前端稱為前額葉皮質區域的活躍度較低，一旦前額葉皮質的活性太低時，可能就會有麻煩。

### ◤ 前額葉皮質

前額葉皮質是大腦中進化最完全的部分，構成將近三〇%的人腦，在黑猩猩（跟我們最接近的表親）腦部約占

一一％，在狗的腦部約占七％，在貓的腦部約占三‧五％
（這也是為什麼貓需要有九條命），在老鼠的腦部約占一％
（這就是為什麼牠們會變成貓的食物）。前額葉皮質是你
的「上級管制中心」，負責對於你的專注與達成目標而言
必要的行為。

### 自發型大腦

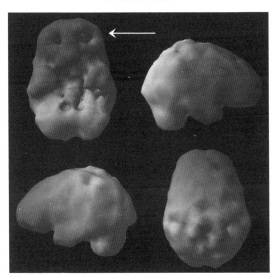

大腦前端前額葉皮質活性低（請參考平衡型大腦以作比較）

　　當前額葉皮質健康時，人們能夠管理自己，做良好的
決定。當前額葉皮質「睡著」或是活性低時，人們就會傾
向於主動、有創造力、冒險和框架外思考——這可能有好
處，也有壞處。不論是否和醫療狀況有關（例如注意力不

足過動症、腦部損傷、痴呆）或是不良的生活方式（例如睡眠不足、飲酒過量或是吸食大麻），較不活躍的前額葉皮質會讓人處於辛苦掙扎的狀態。（請參考第一章「大腦分區：主要功能與可能的症狀」中前額葉皮質的主要功能。）

把前額葉皮質想像成大腦的煞車，它會阻止我們說出或做出對我們不利的事。但這也可能會阻礙我們的創造力。前額葉皮質是我們腦中細小的聲音，幫助我們決定選擇香蕉還是香蕉皮。自發型大腦通常腦中的多巴胺濃度較低，這會使人容易不安，做出冒險行為，而且需要非常有興趣才能保持專注。

我們的研究團隊已發表數篇研究，結果顯示，當這種大腦類型的人嘗試專注時，實際上他們的前額葉皮質活性較低，導致他們需要感覺興奮或刺激才能專注（想想消防隊員和賽車手）。吸菸者和重度咖啡飲用者通常也符合這個類型，因為他們使用這些物質來啟動大腦。

### ▌如何調校自發型大腦

使這種大腦類型最優化的方式，是透過提高多巴胺濃度以強化前額葉皮質，並且避免攝取會降低原本已低迷的前額葉皮質功能的補充品和藥物，否則就會拿走人們對行為的煞車機制。我們遇過一些案例，這些人為自己所做的事感到後悔（例如花了超過自己能力的錢），同時他們服用一種叫做「選擇性血清素再回收抑制劑」（SSRI）的抗

憂鬱藥物。我們發現，這些人前額葉皮質的活動力低，提高血清素的藥劑也降低了他們的判斷力。

### 3. 堅持型大腦：強迫症和控制狂

| 建議 | 不建議 |
| --- | --- |
| ・ 吃高蛋白低熱量飲食<br>・ 從事體育運動<br>・ 食用刺激性營養補充品，例如綠茶、紅景天、人蔘 | ・ 食用鎮定性補充品，例如：<br>5- 羥色氨（5-HTP）<br>・ 服用提高血清素的藥劑，例如：SSRI |

　　堅持型大腦的人通常是主導者，他們不接受不的答案。他們傾向於頑強和固執，而且可能會過度擔憂，難以入睡，好辯而持反對意見，對過去的怨恨過於執著。

　　我們的影像結果顯示，這種大腦類型的人，在大腦前端稱為前扣帶回的部分特別活躍。

| 堅持型大腦類型的人通常會 | 堅持型大腦類型的人通常不會 |
| --- | --- |
| 堅持<br>意志堅強<br>喜歡例行事務<br>多疑<br>被思想困住<br>緊抓住傷害<br>看見錯誤<br>與人對立或好辯<br>可能患有強迫症 | 不停改變<br>膽小<br>自動自發<br>信任人<br>容易放下負面感受<br>容易放下傷害<br>不批評<br>傾向合作 |

**SPECT 掃描**
正常的大腦活性狀態　　　　　　　堅持型大腦

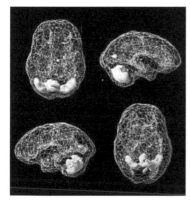 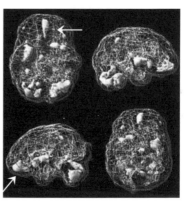

最活躍區在大腦後方的小腦　　　　在大腦前端（箭號所指）
　　　　　　　　　　　　　　　　前扣帶回部分高度活躍

## ◤ 前扣帶回（Anterior Cingulate Gyrus, ACG）

前扣帶回在大腦的前額葉深處呈橫向運作，與認知靈
活度有關。前扣帶回的活動正常時，能幫助你順應當時的
情況，適應改變，與他人合作，並且成功地處理新的問題。
前扣帶回能幫助你有效地面對改變和轉換，這對於個人，
以及人際和專業的成長是非常重要的功能（請參考第一章
「大腦分區：主要功能與可能的症狀」圖表中前扣帶回的
主要功能）。前扣帶回的活動增加通常與堅持己見、想照
自己的方式去做、完美主義，以及喜歡固定規律相關，是
好事也可能帶來麻煩。（請參考第一章「大腦分區：主要
功能與可能的症狀」圖表中前扣帶回的主要問題。）

　　我們把前扣帶回看成大腦的換檔器，它幫助人們從一個想法轉換到另一個想法，以及從一個動作轉換成下一個動作。它跟維持心智彈性和自然反應有關。當前扣帶回過於活躍時，通常是由於血清素濃度太低，因此人無法正常轉換注意力，而造成維持原來的狀態，即使如此對他們可能有害。咖啡因和減肥藥會使這樣的情況惡化，因為大腦在此種狀態下不需要更多的刺激。因為此大腦型態會使人感覺好像在晚上需要喝一杯酒（或兩三杯）才能平靜他們憂慮的情緒。要當心，酒精並不是一種健康的食物，飲酒過量還可能損傷腦部。想要使大腦平靜有更健康的方式可以選擇。

## ▌如何調校堅持型大腦

　　要平衡堅持型大腦，最好的策略是找到提高血清素的自然方法。請注意，高血糖碳水化合物會快速轉變成糖，並提高血清素，這就是為什麼許多人會對單醣像是麵包、義大利麵和甜食上癮的原因。這些「好心情食物」通常被用來自我調節某個深層的情緒問題。這些快速解藥可能造成長期的健康問題，必須避免使用。

| 建議 | 不建議 |
|---|---|
| • 從事體能運動<br>• 服用平靜心情的補充品，例如 5-HTP、藏紅花精 | • 吃高血糖醣類（麵包，義大利麵，甜食） |

### 4. 敏感型大腦：悲傷和同理

　　敏感大腦型態者，對家人、朋友及全人類都有很深的感受，因而較容易出現大量的自動消極思想和情緒低落。

| 具有敏感型大腦的人傾向於 | 具有敏感型大腦型的人較不會 |
| --- | --- |
| 敏感 | 保留情緒 |
| 情感深刻 | 膚淺 |
| 有高度同理心 | 持續感到快樂 |
| 有情緒問題 | 沒有同理心 |
| 偏向悲觀 | 有正面思想 |
| 有許多自動的消極思想 | 有較少的自動消極思想 |
| 患憂鬱症 | |

**SPECT 掃描**

| 正常的大腦活性狀態 | 敏感型大腦 |
| --- | --- |

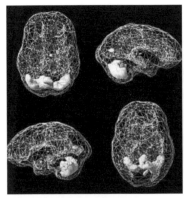 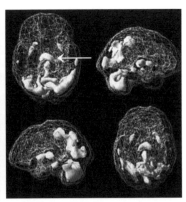

最活躍區在大腦後方的小腦　　大腦邊緣深層部分（箭頭所指）
高度活躍

我們的影像結果顯示，具有這種大腦型態的人，通常腦部的淋巴或情緒區域的活性較高。

### ▌大腦邊緣系統

大腦邊緣系統是人體內最有趣也最重要的部分之一，具有各種功能，這些功能對人類的行為和生存非常重要。它能設定人類心靈的情緒調性並調節動機。（請參考第一章「大腦分區：主要功能與可能的症狀」中腦邊緣系統的主要功能。）

我們從臨床中心的經驗得知，當大腦邊緣系統較不活躍時，通常心靈會呈現較為正面而樂觀的狀態。然而，當邊緣系統太努力工作時，通常會出現悲傷、負面思考和負面情緒。（請參考第一章「大腦分區：主要功能與可能的症狀」中腦邊緣系統的主要問題。）

### ▌如何調校敏感型大腦

參與能釋放使人感覺良好的神經傳導物質的活動，清除負面思想，攝取適當的營養補充品，可以幫助人們與敏感型大腦和平共存。如果你具有這類型大腦和堅持型大腦，能提高血清素的補充品和藥物會最有助益。

| 建議 | 不建議 |
|---|---|
| • 從事體能運動<br>• 運用療法（請參考第十四章）<br>• 練習感恩<br>• 攝取營養補充品，例如：<br>　omega-3 脂肪酸、SAMe<br>　（S-Adenosyl Methionine，<br>　腺苷甲硫胺酸）、維他命 D | • 長時間躺在沙發上<br>• 放任混亂的思想<br>• 專注於負面想法 |

## 5. 謹慎型大腦：有點不安對你有好處

擁有謹慎型大腦的人傾向於跟焦慮搏鬥，這造成他們較為謹慎和保守。從好的方面看，這使他們更會做準備。

| 具有謹慎型大腦的人傾向於 | 具有謹慎型大腦的人較不會 |
|---|---|
| 有準備的<br>謹慎的<br>避免冒險<br>有動力的<br>保守的<br>腦中很忙亂<br>陰晴不定<br>無法放鬆<br>感覺不安 | 不在乎是否完全準備好<br>冒險<br>平靜<br>容易放鬆<br>心靈平靜<br>情緒平穩<br>有安全感 |

在 SPECT 圖像上，我們經常看到大腦焦慮中樞的活動增強，例如基底核、杏仁核和腦島（Insular Cortex）。這種大腦類型的人，神經傳遞物質 GABA〔$\gamma$-氨基丁酸（$\gamma$-Aminobutyric acid）〕也較低。

**SPECT 掃描**
**正常的大腦活性狀態**

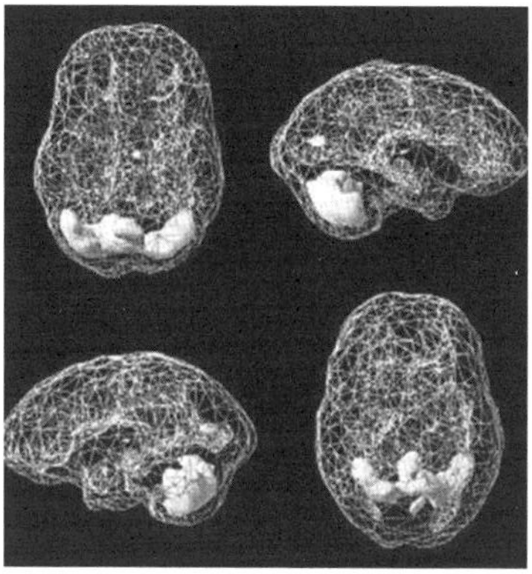

最活躍區在大腦後方的小腦

**謹慎型大腦**

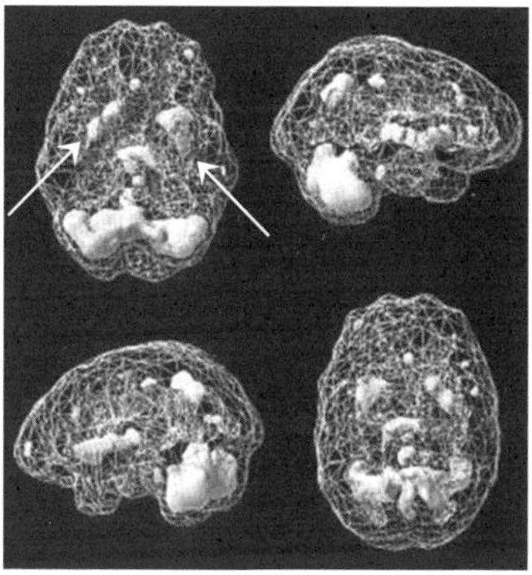

基底核（箭頭所指處）高度活躍

## 基底核、杏仁核和腦島皮質

基底核、杏仁核和腦島是環繞位於大腦核心的邊緣系統生長的結構，對於人體功能的健康不可或缺。這些部位設定身體的焦慮等級、掌控動機和動力，而且與習慣的形成有關。（請參考第一章「大腦分區：主要功能與可能的症狀」中基底核的主要功能。）

基底核與大腦的其他區域相互連結，也參與整合感覺、思想和動作。當基底核過度活躍或活動力偏低時，可能會出現幾種問題，包括焦慮和傾向預測最壞的狀況。（請參考第一章「大腦分區：主要功能與可能的症狀」中基底核的主要症狀。）

一定程度的焦慮是健康也是必要的，有助於我們做正確的決定，讓自己免於麻煩。而且，雖然我們每個人有時候都會發生基底核的症狀，但是陷入長期、不間斷的擔憂是不正常的，而且可能非常令人沮喪。

### ▰ 如何調校謹慎型大腦

調校這種大腦類型的方法，就是找出能夠舒緩大腦，同時又能避免不安情緒加劇的事物。

請注意，酒精或許短時間內能緩解焦慮，但是一旦停止攝取，可能造成焦慮、陷入不安，更有可能發生酒精上癮的風險。

| 建議 | 不建議 |
| --- | --- |
| • 練習靜坐<br>• 常識催眠<br>• 服用營養補充品，例如維他命、鎂、γ-氨基丁酸（GABA） | • 攝取咖啡因<br>• 喝酒 |

### 混合型大腦類型：大部分人

擁有一個以上的大腦類型是很普遍的。如果你有混合型的大腦，就請使用混合的調校策略來提升你的大腦健康。

第 3 章

# 改變習慣
## 如何用更聰明的策略取代舊方法

改變你的學習習慣，是提升效率非常關鍵的一步。它也是能幫助你從本書後續章節中獲益最多的基本要素。改變的過程包括五部分。我想使用記憶術或 STAMP 記憶法來讓這五件事更容易記得：

- 設定自己成為贏家（Set yourself up to win）。
- 工具（Tools）。
- 態度（Attitude）。
- 動機（Motivation）。
- 堅持到底（Perseverance）。

## 設定自己成為贏家

一開始可以慢慢來，用你能夠掌控的速度進行。如果你已有十年沒有在學校上課，就不要期待在第一學期就能成功修完二十四個大學的學分課程。同樣地，也不要在一開始就過分要求自己，否則你可能會很快就把能量用完。

就像長跑選手慢慢鍛鍊他的肌肉，用這種方式，你也可以鍛鍊你的學術耐力。一開始太急切，結果就會像罷工兩年後突然想要跑五英里的人一樣，不但會感受到肌肉爆裂，也會嘗到自信瓦解的苦果。

在設定自己通往成功的路上，你也必須學習如何冒有計畫的險。如果你對自己的能力有自信，你就會督促自己通往原本就在你掌握之中的學術高峰。但是，唯一能取得那份自信的方式，就是冒險，並且在每一次的冒險中得勝。如果你不給自己一個機會，你就永遠不會知道自己的極限。當你第一次成功挑戰另外一位學生，甚至是老師，當你知道正確答案時，你的自信心就會開始成長。

## 大腦如何創造習慣？
## 你又該如何重新設定自己的大腦？

你的大腦約有一千億個神經細胞，每次你有一個想法，想採取行動，某些神經細胞就會活躍起來。如果你一再重複同樣的行動或是想法，那些神經細胞就會保持活躍狀態，知道他們開始進入一個組織的過程，叫做長期增益現象（Long-term Potentiation, LTP）。透過這個過程，無論你所做的、所想的，對你有正面效果或是負面效果，你的大腦細胞網絡就會創造連結，啟動那個行為。剛開始，這些連結是脆弱的，但經過時間不斷重複，這個神經迴路會變得

十分強壯，而那些行為就會被增強。基本上，就是已經變成習慣了。藉著你教導你的大腦所做的事，這個增強過程就會幫助你成為一個更好的學生（若是負面的增強過程，就會讓你更難以成為這樣的人）。

好消息是，你可以重新設定你的大腦，改變你的行為。睡眠充足、規律運動、抗拒無時無刻想繼續瀏覽社群媒體頁面的欲望，這些都會幫助你鞏固大腦的意志力迴路。每當你將舊的、沒有生產性的習慣換成一個更有效用的習慣時，你的大腦就會改寫那些舊的連結，並開始建造一條通往成功的神經元高速公路。

當你冒險並成功了，例如在很困難的微積分考試得到高分、寫了一篇超棒的英文作文，或是化學作業得到高分，你的大腦就會釋放多巴胺，一種能啟動良好感覺的神經傳導物質。健康的多巴胺濃度會促進愉悅的感受、動力和專注力。這種高昂的情緒狀態，最後能幫助你變得更加成功。

即便如此，冒險並不容易。你可能會想：「萬一我錯了呢？」我的回答是：「那又如何？」你一定永遠不會忘記那個正確答案，而且，至少你嘗試過了。我聽過很多學生說他們已經放棄成為醫生、律師、記者或工程師的夢想，因為他們認為自己不夠聰明。這種想法通常都不正確。如果你運用本書的原則，用有系統的方法讀書，往你的事業目標努力，那麼你就會成功！當然，如果你不花一些時間、

金錢和自尊，你是不會成就任何事的。一旦你嘗試之後，你就會發現這麼做有多值得！

　　有一個快速祕訣，能幫助你在繁忙的日常中將自己設定為贏家。從你的第一堂課開始運用正確的態度，你就會從一天的開始就覺得順利。你對你的成就感覺很好，因此你會想再次體驗那種感受。這將激勵你不斷往前！如果你忽略了為每天的第一堂課做準備，你就會持續落後並覺得自己能力不足。沒有人想要有那種感覺，到最後你可能會想休學，藉以擺脫那種感受。要是你讓自己持續處於沮喪和失敗的狀況中，你就不可能得勝。然而，當你做好準備才到學校上課，你就有參與感，受到激勵，更常事先做好準備。這個概念在人生中是無價的，成功會帶來成功。如果你將自己設定為贏家，你就會贏！

## 工具：只有最好的才行

　　把一件事情做對，你需要有正確的工具。如果一個外科醫師沒有手術刀、牽引器，或是負責刷手的護理師，會如何呢？如果一個建築工人到工地現場，卻沒有帶榔頭、釘子或木頭，又會如何呢？他們是無法工作的。本書會幫助你了解學習必要的工具，對於如何磨利這些工具，也提供許多實用的協助。任何一家好的五金行老闆都知道他們的庫存，你也應該知道。你必須知道你的庫房裡有些什麼、少了什麼。

【**練習**】花幾分鐘寫下你在學習技巧上的五個強項和五個弱項。如果你知道你的強項和弱項，你就能提升你的弱點，增強你的長處。

**我的強項**

1. _____

_____

2. _____

_____

3. _____

_____

4. _____

_____

5. _____

**我的弱項**

1.

2.

3.

4.

5.

　　本書後續將介紹一些工具，告訴你如何把自己的弱點變成優點。請務必練習，並經常檢視你的學習技巧。你愈常練習好的學習習慣，你的大腦就能吸收更多，並且強化神經路徑使這些行為成為自動化。最後，你就會感覺好的學習習慣是自然而然的事。

## 態度：你的學習習慣需要調整嗎？

　　你對課業的態度，會構成激勵的動力，或是一種持續的負擔。用取得最大效益的概念去看待學習過程，是你使用時間唯一理性的方式。如果你總是不注意你正在學習的內容，或者你認為它是無用的，那麼你的學習進度就會變得緩慢，達成目標的時間也會因此變長。然而，如果你專心準備上課，從課堂中汲取最多精華，你就會發現之後的學習速度變得更快了。當你挑戰自己，在你所學的一切知識上發現更多價值，你就能找到方法，將那些知識用來協助你進一步的學習。

　　採用新的習慣後，你必須承擔起自信的態度，相信自己有能力達成。這對你的成功而言十分重要。提升自信的最有效方法之一，是讓自己身邊充滿相信你的能力，而且鼓勵你的人。站在你這一隊幫你加油的朋友、家人和教授，將能提高你成功的機會。

　　遠離總是扯你後腿、告訴你你的領域競爭太激烈，或

是你的腦袋不夠聰明、無法成功的人。我大學二年級時就決定未來要讀醫學院,而我的演講課老師告訴我,他的弟弟進不了醫學院——雖然據她而言,他的弟弟比我聰明兩倍!換句話說,她是在告訴我,我一點機會都沒有。幸運的是,我夠聰明,知道我不需要這種奚落,所以我很快就切斷跟她的所有聯繫。如果我持續聽她的話,我可能會開始相信自己不夠聰明,然後就放棄所有要讀醫學院的念頭。

在光譜的另一端,當我向我父親提到想去讀醫學院的冒險行動時,他告訴我,我可以去做任何我決定去做的事。你知道,他是對的!當然,和每個人一樣,我也經歷過挫敗。有幾次,我因為沉重的課業壓力而情緒低落,在這種時候,我父親會把手搭在我的肩上,看著我的眼睛說:「兒子,你做得到的。」然後他會很快跟我握個手,要我打起精神。感謝神,在我信心軟弱的時候,我有他的力量可以依靠!如果我聽了那些不相信我的人的話,現在的我會在哪裡?我連想都不願意想。

這件事,我再怎麼強調也不為過。一定要讓你身邊圍繞著看見你的潛力,並且對你散發自信態度的人。跟那些能夠激勵你,並且清楚地走在通往目標路上的人在一起,將會激勵你也去做到同樣的事。以及,看到有人也在做這件事,能幫助你所踏出的每一步變得更輕快容易。

---

**克羅伊和艾莉莎的科技小訣竅**

　　告訴 Siri、Alexa 或任何你的個人科技助理，讓它每一天或是大考之前，在固定的時段，定期發送鼓勵訊息給你，一個簡單的「你做得很棒！」真的很有幫助。

---

# 動機：如何找到自己的動機

　　為了成為更好的學生，很重要的是，你必須知道為什麼這件事很重要。如果你能明白是什麼在燃燒你的引擎，你就愈有可能達到巔峰表現。

　　是什麼驅動你渴望成為更成功的學習者？

- 你是一位高中生，很想進入知名的大學就讀？
- 你是醫學院三年級生，需要在大體解剖學、組織學等科目取得好成績，打好基礎，才能往下一步邁進，完成成為一個醫生的夢想？
- 你是主修心理學的大三生，需要取得很好的成績才有機會進入競爭激烈的研究所，然後攻讀博士，之後如你一直渴望的，成為一位心理學家？
- 你是一位商科學生，想要盡可能準備最優秀的履歷表，好在畢業時取得大企業的高薪工作？
- 你重新回到學校，目的是爭取升遷的條件，讓你更有能力照顧自己的家人？

- 你只是一個想要花較少的精力取得更好的成績、學習更多的學生嗎？
- 你希望成為更成功的學生，好提升你對自己的自信嗎？

## 【練習】

很多人每天都被隨意的念頭拉著四處跑，而不是利用他們的大腦規劃生活，朝著目標前進。要找出最能激勵你的動機的方法，就是把它寫下來。告訴你的大腦你要什麼，讓你的大腦幫助你配合行為去實現它！當你專注於負面思想，你就會感覺沮喪；如果你專注於恐懼，你就可能覺得不安；如果你專注於達成你的目標，你就更有可能成功。

我設計了一個很有效卻簡單的動機練習方法，叫做「一頁奇蹟」，能幫助你引導自己的思想、言語和行動。這個練習幫助過很多人很快地聚焦並改變自己的生命。

**步驟**：在第 66 ～ 67 頁的橫線內，清楚地寫下你最重要的目標，包含下列這幾個領域。

**關係**：父母、兄弟姊妹、重要他人、小孩、朋友、大家庭。

**學業和工作**：短期和長期的學習和事業目標。

**財務**：短期和長期的財務目標。

**自我**：情緒和身體健康、個人興趣、心靈成長。

　　花時間朝這些目標努力。在完成初稿後，我要你每天都盯著你的一頁奇蹟，然後在你做或說任何事之前，問問自己：「我的行為能夠達成我想要的目標嗎？」

　　如果你每天都專注於目標，就能更輕易地讓你的行為配合你想完成的事；你會過更有意識的人生，也會把精力放在對自己很重要的目標上。

　　我把關係、課業／工作、財務和自我各自獨立，以鼓勵你用更平衡的方式規劃生活。當我們的生活不平衡，在某方面過度透支自己而忽略另一方面時，就可能發生筋疲力盡的情況。舉例而言，在青春期花過多的時間跟朋友相處，會導致學業不佳和家庭關係緊張。

# 我的一頁奇蹟

## 我想要什麼？我要做什麼好實現它？

**關係**

父母：

兄弟姊妹：

重要他人：

小孩：

朋友：

家庭：

**學業**

_____

_____

**工作**

_____

_____

**財務**

_____

_____

**自我**

情緒健康：

_____

_____

身體健康：

_____

_____

個人興趣：

_____

_____

心靈成長：

_____

_____

　　讓你的大腦幫助你設計並完成你的人生。為自己重要的目標而努力。其他人可能會很想幫你決定你的人生應該怎麼過，但你可以使用這份「一頁奇蹟」，幫助自己成為擁有話語權的人。你的大腦會接受和創造現實，給它一些指引，幫助你過一個你想要的人生。

## 定錨圖像

　　你知道你的大腦有五〇％是針對影像思考嗎？正因如此，讓你周遭充滿我所謂的「定錨圖像」，提醒你為何想成為更成功的學生，是很重要的。這些影像可以將你的動機調成高速檔。如果你為了進入某所大學而想成為一位更有效率的學生，那麼請使用一張那所大學的照片作為電腦背景，在你每次開機時提醒你為何要讀書。如果你是為了找更好的工作養家而重回校園，就把你家人的照片放在視線所及之處，當作定心丸。如果你想花更少時間、更有效率地學習，好讓你能從事其他的興趣，例如彈吉他、打網球、製作影片，就放你在做這些事情時的照片。

# 範例：喬丹的一頁奇蹟
## 我想要什麼？我要做什麼好實現它？

**關係**

父母：我想要跟父母更接近。

我想要擁有開放的溝通和互相尊重。

兄弟姊妹：我想要對我的弟弟更有耐心，可以一起做一些事情。

重要他人：我想要有人在我的生命中鼓勵我成為最好的自己。

小孩：我現在沒有小孩，但是如果我有小孩，我會想做一個好榜樣。

朋友：我想要持續花時間跟特別的朋友相處，尤其是與我有相同價值觀的朋友。

家庭：我想要跟家裡其他成員保持正向的聯繫。

**學業**　我想要努力成為好學生，讓自己有更多上大學的選擇。我想要成為一個受人尊重的學生，努力跟老師建立好關係。

**工作**　在十六歲以前我想要有一份工作可以自己賺錢。我想要在一些有趣的領域工作，幫助我決定我以後可能從事的事業。

**財務**　我想要明智地運用我所有的錢，但也要存一些玩樂基金。我想要學習如何管理金錢。

**自我**

情緒健康：我想要感覺平穩、專注、快樂、不要被小事影響心情。我想要感覺正面而樂觀。

身體健康：我想要建立能幫助我感覺更好、活得更久的飲食習慣。我想要每天散步五十分鐘。

個人興趣：我想要繼續追蹤新聞，跟時事保持連結。我喜歡玩填字遊戲，想要玩得更好。

心靈成長　我努力過一個討神喜悅的生活。我去教會跟一群人一起敬拜神和禱告。

不要忘記，找到動機是你的事！讓自己保持受激勵以取得成功，完全是自己的責任。所以，請設計一些有趣的方式激勵自己，例如為維持新的習慣獎勵自己，找到有娛樂性的方式學習（在公園或是海灘），或是找一個朋友和你一起 K 書。

### 克羅伊和艾莉莎的科技小訣竅

我們將自己的手機日曆設定為每次一打開，就跳出提醒訊息，要我們查看一頁奇蹟。這個方法讓我們持續受到激勵，並且提醒我們為何想要有效率地學習。

設定好目標之後，做一個有意識的決定，去改變你達成目標的方法。沒錯，決定改變！這個決定會是你的學習生涯中最關鍵的一點。在你充滿自信地決定要實現它之後，就要馬上行動。你愈快將專注力放在你想去的地方，你就愈能堅持，將來也就愈可能成功。

有個簡單的技巧，可以用來維持你的新習慣：就是我所謂的「會怎樣？」

這三個字是對你成為優秀學生最有威力的字眼，把它們放在你的頭頂，幾乎就能將你的表現改向正面發展。如果我這麼做，會怎樣？如果我做筆記很散亂，會怎樣？如果我蹺一堂課，沒有預先準備上課，或臨時抱佛腳，會怎樣？如果我上課時很專心，會怎樣？這些行為中，有哪個

可以幫助我達成任何一個目標嗎？在你行動之前，想想你
的行為將會帶來的後果。

## 為了擁有健康的動機，保持你大腦邊緣系統的健康

大腦邊緣系統會影響你的動機和動力。當邊緣系統的
活動是最佳狀態時，會幫助你早上活力滿滿，一整天都保
持衝勁。腦部攝影顯示，當這個大腦系統過度活躍時，會
關係到你的動機和動力下降，這通常就與憂鬱症連結。以
下技巧能增進大腦邊緣系統的健康：

● 從事體能運動。

● 練習 ANT 療法（請參考第十四章學習這個簡單的
技巧）。

● 服用提振情緒的營養補充品，例如 omega-3 脂肪酸
和 SAMe。

## 保持毅力

為了改善不良的讀書習慣或模式，你必須培養毅力。
在人生的各個領域中，有很多人從未表現他們完整的潛能，
並不是因為缺乏才能或聰明，而是因為缺乏堅持。在你能
夠啟動你的毅力之前，你必須了解兩個概念：

1. 你需要事先計算代價。

2. 在達成目標之前，你會經歷一定程度的痛苦。

耶穌說：「你們哪一個要蓋一座樓，不先坐下算計花費，能蓋成不能呢？恐怕安了地基，不能成功，看見的人都笑話他，說：『這個人開了工，卻不能完工。』」（路加福音第十四章二十八節）

為了堅持下去，你必須知道自己面對的是什麼。如果你先計算追求目標所需的成本，你就比較不會去開始一件後來無法完成的事——那真的會讓你覺得自己很失敗。舉個例子，如果你是一位美國高中生，目標是成為一位心臟內科醫師，你必須非常清楚你必須達成的要求：

- 完成四年制的大學學位，主修生物相關科系。
- 優良的美國醫學院入學考試（The Medical College Admission Test, MCAT）成績。
- 完成四年的醫學院學位。
- 大約五年的普通外科住院醫師訓練。
- 大約兩年的心臟外科專科住院醫師訓練。
- 通過醫師執照考試。
- 取得專科醫生認證。

哇！總共要花費約十五年的學習才能完成你的目標。問自己是否願意投資人生中的十五年，之後才能收穫你努力的成果。而且，要對自己誠實！如果你有其他與此相衝突的重要人生目標，你可能必須重新思考。要是成為一名

心臟外科醫生並不符合你的整體人生目標，那麼在醫學界從事其他事業，或許可以帶給你所追求的工作成就感，同時也讓你過一個比較平衡的人生。

堅持也需要一定程度的痛苦。美國社會似乎傾向認為所有的痛苦都是不好的，然而我發現，不是所有的痛苦都不好──事實上，有許多例子說明，痛苦是使個人成長的一個必要因素。

成長和改變包含著痛苦。在很多個夜晚，我的大兒子安東會因為腿部疼痛而在半夜醒來。當我按摩他的小腿，或把一塊清涼的溼布蓋在他的腿上時，他不斷加劇的痛苦就會消失。安東學會接受身體成長的疼痛，因為這符合他的渴望──想要長得跟身高一九〇的爺爺一樣高。

任何學習的情境都會有痛苦。你會經歷努力用功和熬夜的痛苦；當你的朋友都在玩樂而你在讀書；為了達到學業目標而延後物質或社交目標；以及，雖然已經努力念書但還是考不好，因為老師考了很多「課外」題。先有心理準備，並接受它在你個人生活及學習生活中的位置。學會與這些痛苦共存非常重要，因為它們不會很快就停止。事實上，在你畢業之後進入職場，痛苦才真正迎面而來。然而，這些挫敗是否會使你措手不及而完全崩潰，或者它能使你思考更快速、讓你更強壯，完全取決於你。如果你不願意接受人生中有一些痛苦，那麼你將沿襲舊的習慣，或者一遇到困難就逃之夭夭。

　　培養良好的讀書習慣需要時間，就像在你服用任何藥品之後，需要一些時間才會發生效應。如果你不按照醫生的處方服藥，它的效果就會打折扣。同樣的道理，如果你無法堅持運用我教你的工具，那麼這本書對你的幫助將會非常有限。

## 六個改變的階段

　　重新設定你的大腦需要時間。知道你的大腦會經過六個改變的階段，這個事實會幫助你走在既定的軌道上，採取讓你表現更優秀的學習習慣。

- **第一階段：我不要或我不能。**在這個階段，改變的缺點看似比改變的優點還大，如果你正在這個階段，請每天問自己幾次：「如果我決定要改變，對我的好處是什麼？」這會幫助你的大腦專注在改變帶來的效益上。

- **第二階段：我或許。**你可能對於改變還不知可否。為了督促自己朝正確的方向前進，就問問自己：「如果我決定要改變，首先我能採取的步驟是什麼？」

- **第三階段：我將會。**到這時，你明白改變的好處大過壞處，而且開始擬定一個計畫。

- **第四階段：我是。**你正在付諸行動讓改變發生，藉由啟動長期增益（LTP），開始改寫你的大腦。

- **第五階段：我仍然是**。堅持進行 LTP 過程，你對新行為開始感覺像反射動作或自動行為。但是要注意，如果你不專注於努力堅持新的方法，你還是可能掉回舊的習慣中。
- **第六階段：哎呀！** 在你改變習慣的過程中，經驗幾次挫敗是完全正常的。只要放輕鬆回去你已經達到的階段即可。

本章重點整理
# 改變你的習慣 ——————

- 設定自己通往成功，用合理的速度開始，有計畫地冒險。給自己正面、增加信心的體驗。這就是擁有贏家信心的關鍵鑰匙。
- 取得使你改變的工具，並且定期更新它們。
- 用你的態度啟動改變發生，使自己周圍充滿相信你的潛力的人。
- 找出激勵你學習更好的因素，決定改變不良的讀書習慣。
- 培養堅毅不拔的態度去改變自己，藉由事先計算你努力的代價，並且接受痛苦是改變和成長的必要部分。
- 知道六個改變的階段，並了解挫折也是正常的。

第 4 章
# 走出第一步
## 為學習做準備

　　超初，神創造了天地，接著創造了日夜、太陽、月亮和星辰、陸地和海、森林和果園、魚、飛鳥和哺乳動物等。祂把所有必要的都算好了，而且大費周章地為最終極的目標做準備——創造人類。（也許祂把沒必要的也算進去了；誰需要水蛭和臭蟲呢？）

　　不論你是否接受上述關於創造論歷史的敘述，這並不重要。重要的是體認到準備工作對於完成目標是非常重要的。有了堅實的基礎，達成目標就不會遙不可及；沒有這個基礎，就一切免談！

　　如果你想成為一個表現更傑出的學生，要從哪裡開始？除了最開頭還有哪裡？如果你想學習寫作，必須先學會文法和字彙。如果你想進入商業界，必須學會數學和會計方法。如果你想成為物理學家，應該先從基礎化學和物理學開始。如果你想成為牧師，就要從《聖經》和學習公眾演說技巧開始。

　　再深入一點來談，從零開始是絕對必要的。我知道聽

起來很累贅，但這簡單的原則會讓你省去很多挫折和壓力。在化學科目中，要先知道黃金是一種金屬，你才可能了解它對於熱的反應。你必須先知道動詞和介系詞的功能，才能將他們組織成句子，寫出一篇短篇故事。在心理學或醫學，你必須先清楚什麼是正常，才能了解什麼是異常。

以下四個經過驗證的策略，能幫助你做好學習準備，讓你的學習更成功。

# 1. 磨練你的閱讀技巧

不論你是幾年級生或專攻哪一個領域，閱讀技巧對於成功的學術事業而言絕對重要。在這本書裡，我不會針對良好閱讀的技術層面多做解釋，因為大部分的國高中和大學都有很棒的閱讀技巧課程。如果你的技巧可以再加強一些，我高度推薦你上這樣的課。不過，我會提供幾個關於閱讀的觀察心得給你。為樂趣而閱讀和為了學習而閱讀，是兩種截然不同的動物。一種通常像是溫暖的小狗，另外一種則像是討厭的蟑螂。

**變成填字遊戲大師。**當你為了學習而閱讀時，請一定要查你不知道的單字。這個習慣會幫你迅速建立單字庫並增加你對於該學科的知識。

**不要跳過好東西。**有些人習慣省略教科書裡的一些章節、圖表、插圖、斜體字、側標和摘要文字不讀。這可是

大錯特錯！這些內容通常包含重要資訊，能增進你的理解，確保你看到「大方向」。同理，閱讀教科書的前言、目錄、簡介和介紹的章節也非常重要，它能帶給你有價值的訊息，卻通常被學生忽略，結果就是一知半解。

這些資訊，是關於如何有效使用教科書、為何這個科目很重要，以及關於作者的有趣介紹，而它們能讓該學科感覺比較親切。閱讀這個部分能讓你先熟悉即將學習的內容，同時也預先給你一個機會，決定是否把書歸還或是退掉這門課——如果它不符合你的預期。舉個例子，大三那一年，我選了我覺得會幫助我醫學教育的一門生化課。在閱讀書的前言、介紹和前兩章內容後，我很快發現我不想讓自己經歷那種痛苦兩次，因為在醫學院還要上類似的課程。我放棄那門課，改選了一門關於生死的課程，這堂課雖然好像很病態，但事實上有趣多了。

### 克羅伊和艾莉莎的科技小訣竅

下載免費的字典 App，例如：韋氏字典（Merriam Webster），你就可以在閱讀時用手機查單字。你也可以問問 Siri、Alexa 或其他電子個人助理，但是要小心，它們的回應有時出乎預料。在寫文章時，也可以請它們幫忙校正拼字。

**設法享受你正在閱讀的內容，想像它對你的價值。**我知道這不大容易，我花了很多不想花的時間才承認，閱讀有時好像是去看一些故意組織起來折磨情緒、模糊思想的文字。然而，如果你用更大的思考，嘗試發掘它的價值，就能更輕易地跋涉過書的內容。

做一個（實際的）計畫並堅持到底。事先決定在你讀完一個段落後想要完成什麼，好讓你有閱讀的目的。設定一個不斷前進的標記，標註你所在位置和將前往的目的地。這個練習非常好（不管是在人生中，或是在閱讀時都一樣）。如果你按照計畫進行，就會發現你浪費較少的時間，而減少沒有生產力的時間。但是，請做一個實際可行的計畫，不要強迫自己一次坐下來就要讀完十章繁重的經濟學課本。那注定會失敗。實際地安排你的時間，你會更快吸收閱讀的內容，而且感覺更成功。

**當你感覺迷失時，重新開始。**你是否曾經書念到一半，卻突然發現你根本不曉得自己在念什麼？當你開始覺得毫無頭緒時，停下來問自己：「我是從哪裡開始一頭霧水？」然後回到那個點，再一次開始閱讀，直到你明白為止。這一次，試著心無旁騖地讀完整個內容──就像你在看 Instagram 動態時一樣（你懂的）。如果不從頭開始，而是繼續一知半解地讀下去，你要學習的內容就會更困難，而且更浪費時間。當你覺得一頭霧水時，愈快回頭對你、你的另一半、孩子、朋友、甚至你的狗，都會愈好，因為

你不會變得很暴躁。

我懂了！《聖經‧創世紀》這一章裡有個很重要的說法重複出現好幾次：在每一天的創造結束時，神說：「是好的。」請確定在你讀完每一章之後，也可以說同樣的話：「是好的。我懂了。」如果你發現自己說的是：「這不好。我不知道它在說什麼。」那麼，就從那一課的開頭重新來過，直到你覺得內容很輕鬆易懂。

**控制分心，不要同時做很多事。**你可能認為，擁有多工能力是更有生產力的象徵，因為你可以用較少的時間完成更多的事。但是大腦研究顯示，在一段時間專注於一件以上的事，是非常困難的。史丹佛大學（Stanford University）的研究者發現，若想節省時間，多工其實有害於你大腦的運作，讓它更難以從不相關的資料中找出相關的訊息[2]。如果一次只專注於一件事，你的大腦會表現得更好。意思是，你必須限制讓自己分心的事物——不看手機、不開電視、不上Youtube。我向你保證，那些靡靡之音可以等你忙完再看。

### 克羅伊和艾莉莎的科技小訣竅

　　當你需要為課業或工作訓練而閱讀一本書，請把你的手機調成靜音，拒絕社群媒體動態的誘惑。

## 2. 創造理想的讀書環境

為了有效閱讀，你需要自己的私密天堂。哪一種環境能幫助你學習更有效率呢？你在本書中讀到的內容，大部分跟常識有關，但我也發現，常識並不總會對更高度的學習有作用。

**找一個舒服又安靜的地方。**你希望這裡很舒服，因為當你身體上感覺舒適，你就可以讀得更久。你會希望安靜，因為你需要專注！一定要坐一張舒服的椅子，但是不要舒服到會使你幻想自己正坐在飛往夏威夷的飛機頭等艙。不要在床上讀書！當你躺著時，會傳送給大腦一個訊息──關閉能量──這跟你的目的完全背道而馳。你需要保持大腦機敏、準備學習（當然，除非你剛好修的課是「夢的解析」）。

**保持涼爽但是不要太涼。**研究顯示，學生在通風良好、溫度適當的房間內讀書，考試的成績較高。太擁擠、太熱或太冷的空間，可能會影響學習表現。最理想的溫度似乎介於攝氏二一到二五度[3]。

**要有光。**確保照明良好，而且光線是從你慣用手的對側照過來，這樣會消除不必要的陰影。確保可以很輕易地調節光線，以減少教科書光滑的頁面或是你電腦螢幕的光害。如果你習慣晚上讀書，就要注意從筆電和平板的LED螢幕射出的藍光，它會干擾你的生理節奏。一份二〇

一五年刊登在《美國國家科學院院刊》（*Proceedings of the National Academy of Science*）的研究發現，在睡前使用發光的閱讀裝置，例如 Kindle、Nook 或 iPad，會延長你入睡的時間，擾亂晝夜節律，抑制褪黑激素分泌，減少快速動眼期（rapid eye movement, REM）的睡眠量，並降低隔天早晨的警醒度[4]。

**挪出空間。**整理你的書桌或學習區域，給自己足夠的空間伸展，才不會感覺雜亂。你的工作區應該只有你目前正在閱讀的資料，所有其他功課都不應該出現。舉例而言，在你準備英文考試時，不要讓數學作業進入視線。

**放對的音樂。**關於閱讀時聽音樂的看法不一，在我的經驗裡，聽輕柔的樂器演奏音樂或許能有助於學習。但是，很明顯的，像是重金屬搖滾這類大聲吵鬧的音樂，不會幫助你消化巴洛克時期的藝術細節！避免任何讓你無法靜靜坐好而會想聽的音樂。如果你覺得音樂會造成干擾，就乾脆把音樂關掉，讓寂靜幫助你更專心。

**做好準備。**如果你要用任何學習輔具，一定要在你坐下來讀書之前就準備好，才不會打斷學習。

# 3. 保持清醒和活力

**按時休息。**你可能認為，在一段時間內努力研讀不要休息，是取得更多成果的最好辦法。你可能要再想想。在

二〇一一年《認知》（*Cognition*）期刊上的一個研究顯示，短暫的休息讓人對於工作保持專注，並且避免通常會隨時間過去而發生的注意力下降[5]。短暫休息能讓你整理思緒，讓你再回去讀書時感覺更有精神和活力。如果你是高度成就者，可能會對休息的主意不以為然。但是要記得，就算是街口日用品店門口的乞丐，每隔幾個小時也會休息十分鐘。心理醫師每次諮商時間只有五十分鐘，不是沒有原因的。接受建議休息吧——當然，除非你是每閱讀十分鐘就休息五十分鐘的那種人。

## 4. 在學會基本課程之前，不要修進階課程

毫無疑問，你應該已經注意到，大部分課程都屬於「三角形」，也就是在知識的基礎上建造的。耶穌在《新約聖經》中說道，一個聰明人會把房子建造在石頭的基礎上，因為它能抵擋強風、大雨和時間的侵蝕，但是，愚笨的人則把房屋建造在沙地上（馬太福音第七章二十四節）。你需要的是，將你的教育建造在石頭的基礎上，好讓你的未來不必那麼辛苦。

意思是，你必須確保自己學會你要修習課程的先修課，否則你的成績可能會落在中後段。我記得我在大學第一週的普通化學課——我手足無措，感覺自己好像走錯教室，上的是俄文課。我在高中階段已經修過化學先修課，但是

只得到低空飛過的成績 C（當然我覺得責任全在我當時的女朋友，她占用了我大部分的時間和精力）。我對我的事業做過最聰明的一個決定，就是退選，然後去上初級化學。如此一來，我有一個堅實的基礎和足夠的準備，之後能夠修習進階化學課程。

這個原則可能讓你的計畫延後幾個月，但是背景知識和準備不足，是學生在困難的學科半途而廢的主要原因。所以，要當一個好童軍，「做好準備」面對你未來的挑戰。

本章重點整理
## 做好學習準備

- 為學習做準備，對於取得學習成就十分重要。

- 讓大腦準備好學習。

- 從一開頭開始，在前進到進階課程之前，先強化你的學業基礎。

- 使用字典 App 和理解輔助工具增進你的閱讀技巧。發掘閱讀的價值，設定一個實際的計畫好讓你有閱讀的目的。閱讀教科書的介紹章節。避免分心。

- 創造舒服而安靜的讀書環境，讓房間的溫度適中，光線充足，有舒服的椅子和足夠的空間。將令你分心的事物挪開，聽輕音樂而不是搖滾樂。

- 藉由定時休息和簡短的運動，保持清醒和活力。

第 5 章
# 找到大方向
## 從通則到特定化

　　我在大二那年開始兼家教時，很驚訝地發現有幾個學生記得一些我從未聽過的事實。我想，之所以我是老師而他們是學生的原因是，我知道這些事實的出處，也能將這些事實合理地排出前後順序。而這些學生所說的事實，卻通常像沒有樹枝支撐的葉片一樣散亂。

　　我在大學時就為這件事感到驚訝，直到我在醫學院也發現類似的奇怪現象時，就更加訝異了。你可能以為醫學院學生武功高強，有很好的學習習慣，既要了解細節也必須具有宏觀的觀點。天啊，我實在很天真！我非常震驚又錯愕地發現，很多醫學院學生的學習技巧其實只跟猴子差不多，他們只是藉由多次的重複來學習資訊。沒錯，我認識的醫學院學生平均智商都相當高，但是他們其實浪費了數千個小時在循環、重複和沒有生產力的學習上。我在想，如果他們可以把這些時間拿回來，會成就多少偉大的醫學發現，但就像使徒保羅（Apostle Paul）所說：「忘記背後，努力面前，向著標竿直跑。」（腓立比書第三章十三節），

也就是這本書要談的一部分：取得高分。

## 先尋找「大方向」

　　我認為，尋找一門科目中的「大方向」（big picture），是成為成功學生的第一步，但這一步卻有太多人都忽略了。我知道你們當中有很多人期待我告訴你們，你們無法只見林不見樹——而這是很有可能的。要知道，如果你們不明白自己正身在一座樹林中，就很容易在群樹和藤蔓的迷宮中迷路。然而，如果你知道你的位置，以及你正在那裡做什麼，森林也可能變成一個很棒的地方。

　　另外一個類比，可以把這個重點解釋得更到位（或者以我自己的經驗，是把我帶離得更遠）。某次我從加州（California）旅行到奧克拉荷馬州（Oklahoma），在那之前，我已有四、五次同樣路線的旅行經驗，每次都是從洛杉磯（Los Angeles）開車到尼多斯（Needles），再到佛萊格斯塔福（Flagstaff）等地。而這次是我進入醫學院三年級後，當時一定是感受到我在人生中的位置有特別的力量，以至於我決定要用更快的方式去到佛萊格斯塔福而不經過尼多思。

　　我看了地圖，發現從加州的布萊斯（Blythe）有一條捷徑通往亞利桑那州（Arizona）的佛萊格斯塔福，在地圖上省了大概兩英寸的距離。唯一的不同點是，那條捷徑只有

一條紅線，而不是雙綠線，而且看起來有一點彎。我並不知道那些紅線和綠線代表什麼意思，看起來對我一點意義也沒有，所以我就在晚上九點半往那條捷徑出發，預計在凌晨兩點到達佛萊格斯塔福。看到這裡你可能已經猜到了（因為你是個聰明人，從你買了這本書就可以看出來），那條路並不是我原來以為的捷徑。在接下來的十小時內，我體驗到在亞利桑那州最彎的彎道和最陡的山坡路上開車的過程。最後，我在隔天早上七點半到達佛萊格斯塔福時，感覺自己像一隻磨破皮的老鼠，住在一個瘋狂科學家操作的陀螺儀中，正在被測試對暈眩的忍受度。

　　我當然沒看到那「大方向」。因為我對那趟行程並沒有做好準確、完整的規劃。其實很簡單，只要先查對地圖上的說明，了解單紅線的意思，或是相信汽車俱樂部的專家——他們已經有幾十年經驗協助規劃這類行程——我就不會落得如此下場。沒有適當的準備、指引或合理的整體方案，就決定走自己的路，可以說是極為危險的。你必須有一個成功的計畫，從頭到尾，永遠把終點放在眼前。

　　這個原則的實際應用太多了，而且幾乎適用於必須先了解原則和概念的各種情況。就像約會一樣，先邀請對方赴約——而且對方要同意——總比先花大錢買音樂會包廂、訂餐廳，或是買一套昂貴的行頭之後再發出邀請來得聰明。

## 聰明的頭腦：
## 取得大腦健康的「大方向」

「大方向」這個概念不只適用於你的課業，也跟你大腦的整體健康有關，因為它是你在學校表現成功的基礎。我用容易記憶的「聰明頭腦」（BRIGHT MIND）字訣，來指出能幫助你有更高層次的表現，或是破壞課業的主要因素。當你將以下的聰明頭腦因素最佳化，你就能使你的大腦變得更好，並且提升你的能力。

**B 代表血液流動（Blood Flow）**：健康的血液流動對於大腦的高效能運作非常重要。

我們的大腦 SPECT 影像顯示，低血液流量與注意力不足過動症（ADHD）、憂鬱症、自殺念頭、毒品濫用、躁鬱症、精神分裂症、創傷性大腦損傷以及更多疾病有關。這些病症都會讓你更難以保持動力和專注在課業上。

調校策略：從事體能運動，練習靜坐或禱告，補充 omega-3 脂肪酸和銀杏葉。

**R 代表理性思考（Rational Thinking）**：你的想法非常有力量，它可以是正面而帶給你幫助的；或者，若你不加以約束，也有可能是負面而對你有害的。我稱破壞性的思考為 ANT（自動負面思考）。

調校策略：學習殺死讓你感覺不好的 ANT（請參考第十四章）。

**I 代表發炎（Inflammation）**：嚴重發炎和動機降低[6]、憂鬱症、躁鬱症、強迫症、精神分裂症、人格異常及更多症狀相關[7、8]。它也跟腸漏症，一種導致腸胃道症狀、過敏和其他阻礙你課業學習的問題相關。

調校策略；攝取更多富含 omega-3 脂肪酸的飲食，減少富有 omega-6 脂肪酸的食物，增加益菌生和益生菌攝取（請參考第十五章）。請小心服用抗生素並且每天使用牙線。請醫生檢測你的 C 反應蛋白濃度，這是一種針對發炎反應的血液指標，以及你的 omega-3 脂肪酸指數（低omega-3 與發炎反應相關）。

**G 代表遺傳基因（Genetics）**：家族成員中有人患有大腦健康／心理健康症狀——注意力不足過動症、憂鬱症、焦慮症、上癮症等——可能導致你較容易罹患相關疾病。但是，基因不能決定你的命運，你的日常習慣可以幫助開啟或關閉這些基因的作用。

調校策略：採取增進大腦健康的習慣，以減少先天基因不良的影響。

**H 代表頭部損傷（Head Trauma）**：發生腦震盪和頭部

受傷的情況，就算你沒有昏厥，也可能造成持續性的問題，包括學習障礙[9]、注意力不足過動症[10]、憂鬱症[11]、焦慮症和恐慌症[12]、藥物和酒精濫用[13]等。

調校策略：保護你的大腦，不要用頭去撞球，在騎自行車及滑雪時戴上頭盔；若你的頭部曾經受傷，就要尋找治療方法，例如高壓氧療法（hyperbaric oxygen therapy, HBOT）和神經回饋療法，以幫助你的腦部復原。

**T 代表毒素（Toxins）**：在酒精、大麻和香菸、非有機農產品、個人照護產品、黴菌和其他日常用品中的環境毒素，都會損害你的大腦。暴露在毒素中與學習障礙、記憶力不佳、腦霧（brain fog，指腦袋像被霧蓋住一樣，昏昏沉沉的狀態）、注意力不足過動症、憂鬱症、自殺、自閉症等問題有關。

調校策略：盡可能將毒素從你的生活中排除。器官排毒——肝臟、腎臟、皮膚——能協助將有毒物質排出體外。你的腸子也具有重要的排毒功能。為了支持你的排毒系統，要多喝水（腎臟）、減少酒精攝取（肝臟）、流汗（皮膚），以及多吃纖維質（腸道）。

**M 代表心理健康（Mental Health）**：當你有心理問題時，就更難在學校達到巔峰表現。憂鬱症會使你感覺毫無動力。注意力不足過動症會造成難以專注。焦慮症則在考試那幾

天讓你心中一團混亂。

調校策略：採取「聰明頭腦」所有的要件，如果你還是備感挫折，就要尋求治療。

**I 代表免疫力／感染（Immunity / Infections）**：當你的免疫系統失調時，可能導致過敏、感染、自體免疫疾病、甚至癌症。這些狀況都會影響你在學校有傑出的表現。

調校策略；平衡你的維他命 D 濃度、避免過敏原、採取壓力管理技巧，並且接受常見感染篩檢。

**N 代表神經激素（Neurohormones）**：荷爾蒙失調會影響你的心智和你的課業，而帶來負面的後果。甲狀腺異常會降低你的能量並造成思慮模糊、難以專注。皮質醇過量則會使你容易感到壓力和焦慮。生殖激素紊亂會損耗動力，並造成情緒波動和腦霧。

調校策略：檢查你的荷爾蒙濃度。排除「荷爾蒙干擾物」——農藥、特定個人護理產品、化妝品——任何對荷爾蒙功能和產生有負面影響的因素。

**D 代表肥胖症（Diabesity）**：有高血糖值和／或體重過重和肥胖，就是所謂的「糖尿病」。高血壓已知與大腦血液流量偏低和海馬體較小有關，這個大腦區域與學習、記憶和情緒相關聯。肥胖和體重過重對於大腦健康有很大

的破壞力,而且也與腦部較小、低血液流量、注意力不足過動症和許多其他問題有關。

調校策略:了解你的數值,例如身體質量指數(BMI)、腰臀比、糖化血色素、空腹血糖、空腹胰島素水平等。控制披薩和啤酒量(它們不是大腦營養食物),攝取對大腦健康有益的營養素(請參考第十五章)。

**S 代表睡眠(Sleep)**:在你睡覺的時候,你的大腦會鞏固學習和記憶,為隔天做準備,並且移除無用的垃圾——白天堆積的腦細胞殘骸和毒素。

調校策略:每天晚上睡滿七到八個小時,並遵守健康的睡眠時刻表。在夜晚關閉你的科技產品,不讓它們干擾你的睡眠。

**利用條列大綱的力量。**在你寫作時,「大方向」意味著在開始寫之前將想法整理成大綱。這個路線圖會讓你知道你將前往哪裡。它會讓寫一篇作文或期末報告變得更加容易,而且花費的時間更少。不列大綱就開始寫文章,你很可能會偏離路線,無法提出前後連貫的論點,或是必須重寫好幾次以重新組織段落。

同理,在公眾演說時,知道你將把聽眾帶往何處也很重要。從一般的概念開始,再整合特定的內容,比起先寫獨立的細節,再用符合邏輯的形式將其連接起來,當然容

易得多。

**記住上下文的脈絡。**如果你知道一個概念的上下文，就會比較容易理解。以人格發展的某些例子而言，如果你很客觀地觀察一個四歲小孩的行為，你可能會想像他們有很多精神病的特點。你會發現他們常常自言自語，或是對他們的隱形朋友說話。他們會幻想華麗偉大的事物，以為自己是電視上和書本裡的虛構角色。他們還會認為自己是一家之主，可以娶媽媽，叫爸爸滾蛋！這些四歲小孩一直生活在幻覺裡，不停地尖叫，因為浴室裡有熊或是哪個巨大無比的動物、怪獸，還是什麼東西，或是他們床底下有怪物。如果這份關於四歲小孩的訊息，沒有放在他們的發展期這個「大方向」中檢視，我們的精神病院就會看起來像幼稚園一樣。如果你把所有細節或特點併入這個大方向，看著它隨時間增長，那麼一切就豁然開朗了。讀書也是一樣，把你所學習的事實放進脈絡中，會幫助你了解它們的意義。

**發展一套系統。**在醫學院裡，如果你沒看見森林，就會一直撞到樹。以美國醫學院而言，大一生必須學習兩萬五千個新詞，第二年再學兩萬五千個。如果他們沒有一套學習新字的方法，並且將字詞放入「大方向」中，那麼他們的大腦一定會罷工，拒絕處理任何資訊——除了混亂和散亂的想法以外。但是，如果他們學習字尾、字首和字根的共同點，這個任務就會變得可以忍受。

　　為你所學的每個科目創造一套系統，不管是數學、歷史或地理。一旦你使用一套學習方法，就能簡化學習的過程，也能讓你專注於內容，而不是同時努力地想知道怎麼學習它。

　　**把事情放進歷史的脈絡中。**如果你想避免被所有細節打敗，也很重要的是，知道你從哪裡來，要往哪裡去。如果你感覺迷失在細節裡，就停下來，找出最普遍的概念，然後再深入到細節中。舉例而言，如果你研讀的是美國歷史，必須知道第十九條修正案在一九二〇年獲准列入美國《憲法》的相關細節，如果你想把這個工作變得更簡單，就要先了解導致那個結果的幾個最關鍵事件，例如爭取婦女投票權運動，以及蘇珊·安東尼（Susan B. Anthony）與伊莉莎白·凱蒂·史丹頓（Elizabeth Cady Stanton）這些人的努力。 如果你試圖在沒有宏觀的角度下聚焦於所有微小的細節，你的大腦就會超載而無法再吸收進更多資訊。然而，如果你在腦中篩選出重點，再從中分離出內容，你就更能掌握全局。

　　**注重「大方向」過於事實。**據估計，我們在國高中和大學所學習的內容，只會記得一〇到一五％，而其中實際運用到的不到一半。不巧的是，醫學院也一樣（我們的病人所不知道的可能會傷害他們！），醫生們會忘記很多他們曾經知道的事實；然而，了解大方向是更重要的。舉例而言，一個神經科學家知道大腦裡確切的神經元數目比較

重要，還是知道這些神經元具備的功能重要？

**學習如何學習。**文化人類學家瑪格麗特‧米德（Margaret Mead）曾說：「小孩必須被教導如何思考，而不是思考什麼。」我認為如果把「小孩」這個詞換成「學生」，她的論點還是正確的。同樣的概念也有另一個說法，是我們醫學院院長說的：「十年內，你在醫學院學習的八成知識都會消失。你到這裡不是只為了學習某些醫學科目，更重要的是，學習終身學習的方法與解決問題的方法。」我從經驗裡得知，擁有穩固的基礎和一直保持「大方向」的視野，你就贏了一大半。

**從「大方向」到小細節。**就算你追逐的是最吹毛求疵的細節，這個原則依然有效。我知道現在你們當中有很多人會對自己說：「如果在畢業後還記得這個，那很好，但是我比較擔心的是通過下週二的考試。有「大方向」很好，但是你沒有遇過威爾森教授，他在下週的考試會問我一毫升的采采蠅唾液中氫氣的電子數。」相信我，我遇過很多老師都認為他們的學術角落是唯一重要的知識。我能在他們班上表現良好，唯一的方式就是從「大方向」進到小細節，一路上努力理出頭緒。

如果你為自己和學習安排時間表，你就會有時間弄懂「大方向」和芝麻綠豆的小細節。如果你從小細節開始，就會不堪負荷，而且再也沒有時間看懂「大方向」。

在我們醫學院裡有一個很特別的學生，他以「只會細

節，不知道相關概念」而出名。他常常吹噓自己花多少時間念書，以及他記得多少事情。但因為他常常不懂「大方向」，導致很多考試都沒有通過。當有同學只了解「大方向」卻考得比他好的時候，他就會氣急敗壞。我記得有一次，他的室友（負責課外跑趴的那位）只讀書兩小時，就在組織學實驗室的考試拿了九十九分。而他自己花了十個小時以上念書，卻只拿到七十五分。當他在解剖實驗室裡拿到考試成績時，他竟然跪下來向上帝哭喊：「這一切是多麼不公平！」

　　我同意，如果你花時間，就應該得到努力的成果——前提是你先弄懂「大方向」。而且要記得，請聰明地學習，而不是更用力地學習。如果你花了十個小時專注在小細節上，還不知其所以然，或不明白這些跟其他知識的關聯，那麼其實你是在浪費時間，還不如讓自己好好休息一下。

---

**本章重點整理**
## 從通則到特定 ————————————

- 從普遍性的知識開始，再進入特定事實。
- 永遠將學習的「大方向」放在你的面前。
- 「大方向」是你將記得的內容，也是你了解細節的關鍵。

第 6 章
# 組織能力
## 懂得規劃課程、時間與自己

　　你知道便利貼、微波爐、三秒膠和鐵氟龍，有什麼共同點？他們都是在意外狀況下發明的。如果你能在無意間想出一個超級厲害的發明，你可能會認為，既然如此為何還需要組織管理，又為何需要遵循那麼多原則。借用布魯諾·馬斯（Bruno Mars）這位世界知名的白金唱片歌手的話：「你不能在機會來敲門時還沒有準備好。」

　　看看亞歷山大·佛萊明爵士（Sir Alexander Fleming）的例子。他一九二八年在倫敦聖瑪麗醫院（St. Mary's Hospital）發現盤尼西林，很多人認為那純屬意外。沒錯，他偶然注意到在葡萄球菌培養皿裡的一個黴菌汙染物，造成了一塊細胞殲滅區，但是，如果他沒有細胞學的基礎知識、他的實驗室組織、他花的時間，以及他對這項發現追根究柢的精神，那麼就算再過五十年，他的意外發現可能也不會受人注意。事實上，類似那樣的意外可能已經發生過無數次了，卻沒有人有足夠的準備去發現它！

## 小腦：組織的幫手

　　想井然有序，需要健康的大腦，特別是健康的小腦（和前額葉皮質）。「小腦」位在大腦後側底部，對於協調思想、處理複雜資訊和組織，扮演重要的角色。小腦僅占整個大腦重量的一〇％，但這個電力中心區是半數腦部神經元的所在位置。研究顯示，「小腦」也關係著處理的速度，簡言之，就是你吸收新資訊的速度。當小腦的活動力低落時，人們傾向於更緩慢的數理資訊，思想也較為凌亂。如果你的思考沒有秩序，就難以組織學習內容。有些注意力不足過動症的形態（我們已經確認有七種類型）與小腦活動率偏低有關，而失序就是這種症狀的主要表現。然而，要注意的是，有點雜亂無序並不代表你患有注意力不足過動症。

　　在我們的大腦攝影研究中，也做一系列腦部活動的掃描。以下影像裡，白色部分代表較為活躍區，在健康的掃描影像中，大腦後部的小腦通常是最為活躍的部分。

　　**小腦調校策略：從事協調性的活動，例如桌球（這是我的最愛），以及讓你必須記住動作的任何形式的舞蹈、瑜珈和太極拳。根據日本一個腦部攝影研究的結果，只要打十分鐘的桌球，就能促進你的小腦（和前額葉皮質）活性。少喝啤酒和其他酒精性的飲料，因為酒精會降低進入小腦的血液流量，因此減緩你的思考速度。**

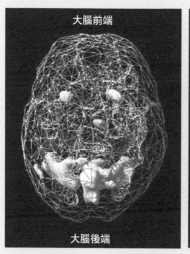

健康活躍的 SPECT 掃描

大腦前端

大腦後端

大腦後端白色區域，是腦部最活躍的
部分，通常在後側底部的小腦區

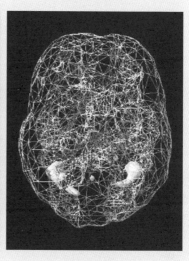

整體活性低

小腦活性偏低

# 井然有序的原則 1：規劃時間表

那麼，要如何安排一個有組織的架構，增加效率並減少學習時間？首先，你必須「組織你所擁有的時間」。時間可能是你最信任的盟友，也可能是更常見的——一個擾人的敵手！

**追蹤你的時間。**在你學會組織時間之前，你必須知道你每天如何使用你的二十四小時。最好的方式，就是記錄下你做了什麼，以及你花了多久的時間。追蹤你的日常活

動一整個星期，從中你會得知關於自己的有趣資訊，而且非常有價值。我們經常認為「我沒有足夠的時間」，事實上我們有，只是必須懂得如何安排。

**規劃你的學習時間。**現在，你已決定好如何使用你的時間，就可以決定怎麼讓它產生最大的效益。有一句老話說，你應該花兩個小時研讀你在課堂上學一個小時的內容。但是，你可能已經發現，這很少人能做到。另外，每一堂課都是獨特的，你所需要的學習時間會因各科目而異。花在每一個學科的時間，也會因為你上哪一所學校和你的年級而有所不同。

**為你所有課程規劃時間。**第一，檢視你的時間表，預估每堂課需要花多少時間，好讓你有充足的時間學習每一個科目。不要忽略主科以外的其他課程，或是節數比較少的課程。我記得我在醫學院的第一個學期，大體解剖是最重的科目，我花了所有力氣在解剖課，以至於忽略了比較輕的組織學課。我的解剖課成績很好，但組織學表現平平。

**切合實際。**如果你習慣平均每週花二十小時讀書，那麼規劃一週三十五小時的時間表只會成為一個大災難。設定成功目標的同時，也要切合實際。設定不可能達成的目標，只是給自己找麻煩而已。打破舊習慣和模式最好的方式，就是給自己正面、增強信心的體驗。如果你把自己鎖在一個不可能的時間表上，很快地你就會感到挫折，並且完全放棄。然而，要是你的時間規劃很合理，你就會發現

自己能夠持之以恆，也會增強自尊心！光是這點就會讓你更有動力把書念得更好，學得更多。

**安排一些空閒時間。**當你在規劃時間表時，容許有一些彈性。你所規劃的第一個時間表，只是初估而已，必須加以修正。這樣的修正至少每兩個星期進行一次，端看各科目特定內容的難度、期末報告截止日期、小考和期中考日期等而定。

時間表跟預算表很像。如果你用合理而彈性的方式規劃，預算就會為你提供很大的價值和安全感，有效地指引你聰明支出金錢（時間）。但是，如果你的預算設定不合理或太嚴苛，你就會對整個過程感到挫敗，甚至半途而廢。而且，因為你沒有完成自己開始的計畫，你的感覺會比失敗更糟。

> ### 克羅伊和艾莉莎的科技小訣竅
>
> 下載生產力 App，用它來追蹤你研讀課業和花在社群媒體上的時間，並且使用 Fitbit 或其他科技工具來追蹤你的睡眠、用餐、上課時間、工作時數、體育運動和休閒時數。

## 井然有序的原則 2：研擬攻擊計畫

建立組織架構的第二個原則是，針對每堂課使用一套系統化的方式。

**依賴你的教授／老師。**你所擁有的其中一種最棒的資源，就是教導課程的教授／老師。學生通常認為老師太忙，不會有時間理他們，或者老師在課堂外不想被學生問問題。這並非事實。當然，有些老師可能認為自己的研究計畫比學生更重要，但他們通常是特例。依我的經驗來看，雖然大部分老師都很忙，但他們仍然歡迎學生在課餘求教；指導學生如何學習該門專業，會給他們很大的滿足感。老師通常會對課堂上學生表現出的興趣印象深刻，而且可能影響他們在打分數時的決定。

**不要害怕向老師請益。**利用他們的經驗和建議，幫助你組織你在這堂課的學習。

### 克羅伊和艾莉莎的科技小訣竅

　　瀏覽學校課程和講師的線上評比，以了解對一堂課該期待什麼。

**閱讀授課大綱。**在開始上課之前，一定要花時間把授課大綱讀過一遍。很多學生在上課期間從來不會去看授課大綱，更別說是開始前。這很可惜，因為這份資料具有幾個重要的功能：第一，授課大綱是老師用來向你介紹這門課將包括的內容，以及對你的要求，因此它能幫助你知道如何規劃時間。第二，授課大綱通常能馬上給你「大方向」，讓你在學期一開始就對此科目的重點有基本了解。第三，

閱讀授課大綱後，如果你發現這門課與你的預期有落差，你就能在開課之前尋找其他替代課程。

---

### 克羅伊和艾莉莎的科技小訣竅

　　指定閱讀書目／資料的摘要，可以在網路上找到。它們無法取代你讀真正的教科書，但能幫助你在讀完整本書之前得到「大方向」。

---

　　**詢問第二（或第三、第四）人的意見。**如果你對一堂課不太確定，就去問問上過同一門課的人，了解這門課的狀況。聽到別人全身而退、好好地修完課，會讓這門課看來比較可行。另外，你還會擁有寶貴建議和資訊來源。可以問他們：

- 用什麼方法修這門課？
- 在課堂上有什麼要求？
- 考試的方式和評分方式為何？
- 有沒有熱門考題？
- 是否有考古題能提供？（如果老師不反對，就拿吧！）
- 向老師請教的最好方式？
- 這門課最有用的書是哪些？
- 喜歡和不喜歡這門課的原因？

如果可以，請跟在課上表現很好以及表現不好的人聊

一聊。表現不好的學生能提供一些見解，讓你明白將會面對什麼挑戰，例如老師講話太快，根本來不及做筆記等。要是找不到曾修過某堂課的學生，那麼請教上過其他老師的相同課程的學生，也有幫助。他們有寶貴的資訊可以提供。不要忽略這個知識的金礦！

**先翻翻教科書。**一門課的指定讀物是你規劃時間的重要資訊來源。我之前提過，可以先問其他學生，什麼書對這堂課最有用，以及書單上哪些書不需要買──特別在大學，有些教授在選書時並沒有「大方向」的概念，自然也不知道你的銀行存款，因此請評估自己的財務能力是否能負擔眾多指定讀物的費用。花些時間找出可能對你更有價值的資源。下一章，我們會詳細討論這個重要的關鍵。

**組織你的筆記。**有效地組織你的筆記，能真正帶來恆久的價值。我們將在第八章深入探討這個主題。但是現在，讓我先提一個相關的重點：如果你在完成後不去組織和分類你的筆記、報告和考試，它們對你就幾乎等於消失了！要是你在漫長的一年結束後，將厚厚一疊舊上課筆記堆在角落，會有什麼感覺？你會花幾個小時把他們個別分類、整理和歸檔嗎？很可能不會。如果你像我們多數人一樣，就會把這些筆記本扔進垃圾筒。

幸運的是，電腦可以讓整理筆記變得更容易。如果你喜歡用電腦做筆記，那麼為個別課程開設一個資料夾是很棒的。按照章節整理筆記，會讓你準備考試時更方便，而

且未來要再參考這些資料也很容易。相信我，我回頭參考以前筆記的經驗太多了。你可能得每週花三十分鐘將資料標籤和歸檔，但花這時間是值得的，因為你是在整理有長久價值的資料。記得在每週的時間表上留些時間整理筆記。

> ### 克羅伊和艾莉莎的科技小訣竅
>
> 如果老師講話太快，讓你無法及時做筆記，就用手機錄下講課內容，再用語音轉錄建立筆記的初稿。一定要看過轉錄的內容，以修正錯誤。

## 井然有序的原則 3：組織你自己

本章前半段已談過這個原則，我堅信它是組織整理的關鍵。擁有一個有紀律和秩序的心靈，會幫助你完成為自己設定的目標。依據《心靈地圖》（*The Road Less Traveled*）[14]作者史考特・派克博士（Dr. M. Scott Peck）所說，發展自我紀律包括學習四個基本技巧：

- **學習如何延遲滿足。**「這個方法是為人生的痛苦和享樂訂定時間表，以至於你能因為先體驗過痛苦並且擺脫它之後，提高快樂的程度。這是唯一有品味的生活方式。」意思是，先做完功課再看社群媒體動態，或是跟朋友見面。
- **學習承擔責任。**掌管你的人生和教育的，就是你自

己。成為一個優秀學生是你的責任，不是某種機緣
或是老師弄錯了。這個結果取決在你。

- **學習致力於真理和現實。** 真理是你有足夠的資源，
  現實是讓自己為了達成目標做準備，必須很努力，
  而且通常需要很多時間。
- **學習平衡的藝術。** 派克博士說，這條原則能給我們
  彈性——如果你想要健全發展的人生。這個原則是
  絕對必要的。

當你的心智井然有序且有紀律，你會發現，維持你的
時間表和課業沒那麼困難。

本章重點整理
# 追求井然有序 ————

- 紀律和組織，基本上是更快學習與解決學業和人生問題最基本的工具。
- 先盤點可用的時間，再來組織你的學習時間。
- 透過預估每堂課需要多少學習時間，建立一個實際而彈性的學習時間表，並在需要時隨時修正。
- 請教你的老師和已經修過課的學生，為每門課建立一套有系統的學習方式。
- 組織你的筆記，讓它為你產生持久的價值。
- 藉由延遲滿足、負起責任、致力於真理和現實，以及讓生活保持平衡，來整理你自己。

第 7 章
# 成功有路可循
## 讀書的方法

　　讀書方法對你有利，並能幫助你用更少的努力更快達成目標，但也可能有反效果，讓你更難成功。如果你的思考和讀書方式非常連貫，並且導向理性的結論，可將內容完全吸收，那麼你的方法就是有利的。然而，如果你的思考和讀書方法是有害的或太僵化，你可能會發現自己陷入缺乏生產力而且充滿挫折的心理狀態。最成功的學生使用的讀書方法都是有生產力且具經濟效益的，而成就較低的學生，則常使用沒有效果也缺乏效率的方法。

　　每一個人都有讀書方法，重點是發展對你有用的、有系統的。本章將介紹你很多讀書方法，選擇哪些方法對你最有效用，取決於你。

## 制定一套遊戲計畫

　　為你的課程創造一套整體的遊戲計畫，包括在學期開始前，決定如何研讀各個科目。最好的遊戲計畫之一，是

在你的課程剛開始時，用最大的努力求取表現。很多學生
認為他們可以很輕鬆地進入新學年，在學期一開始忙著跟
整個暑假沒見面的同學朋友敘舊跑趴。這是很大的錯誤。
隨便揮霍每年的這段時間，是非常危險的，會讓你在班上
落後其他同學，而且你通常會錯過重要的基本知識。不只
如此，學期的第一個禮拜左右，會在你的老師、同學和你
自己眼中，為一整年剩下的時間留下第一個印象。如果你
在一年的開始做好準備並且努力用功，你就更有可能繼續，
也更容易保持不偏離軌道。

## 最有效的方法：
## 駕馭前額葉皮質的力量

前額葉皮質位在你的額頭後方，與執行的功能相關，
例如計劃、聚焦、超前思考、判斷和組織。這部分被認為
是大腦中最具人性的區域，占據大腦總容量的三〇％。當
前額葉皮質作用不佳時，會讓你難以想出有效的學習計畫
並持之以恆。艾瑪十九歲的時候來找我，因為他被大學退
學，她感覺非常沮喪，對未來也很焦慮。艾瑪的 IQ 有一四
〇，但是她學習課業的方法非常沒有組織而散亂，以至於
總是遲交作業，在考試前整夜熬夜苦讀，因為她沒有適當
地規劃自己的時間。

　　當我們掃描艾瑪休息狀態時的大腦，她的前額葉皮質活動看起來很健康。但是當我們掃描她專注在一項專注力任務時的大腦，她的前額葉皮質活性就降低了。前額葉皮質活性偏低，是注意力不足過動症的一個典型徵兆。藉由一套完整的治療方案，艾瑪後來重新回到大學註冊。她變得更有組織，能夠建立讀書計畫並切實執行，最後以優異的成績畢業。

　　如果你無法有組織和計畫，或者無法專注而躁動不安——就算你沒有注意力不足過動症——增強你的前額葉皮質是很重要的。關鍵在於提高多巴胺的分泌。（請參考第二章提升前額葉皮質功能的方法。）

　　如果你遵循在一開始表現良好的原則，你會注意到它對於你學期結束前剩餘的時間，至少會產生三個正面的影響：

- 首先，你付出的努力會建造一個穩固的基礎，如同我們之前討論過，把知識建構在良好的基礎上，會比建構在沙地上容易得多。

- 第二，透過在學期剛開始時的努力，你在班上的表現會更好，之後就能夠建立自信。因為自信提升了，要繼續用積極而有生產力的方式前進就會更容易。你會對自己感覺良好，因為你的努力會有收穫。

- 一開始就投入是更容易的方法，因為一開始學習

　　的知識通常是最基本的。如果你錯過了打基礎的機
　　會，你會發現你的努力事倍功半，也因此會降低你
　　繼續努力的動力。

- 第三，如果你在一開始表現良好，那麼當生活上的
　　意外事件發生，你不得不有一兩個星期左右無法專
　　心課業時，你就能有喘息的空間。這樣的事件可能
　　是負面的，例如生病；也可能是正面的，比方跟某
　　位特別的人士見面，導致你無法專注在其他任何事
　　情上。你在班上的表現也會更好，因為你比較沒有
　　被要求有好成績的壓力。

　　這個基本的原則，是我在大學和醫學院獲得成功的主
要原因之一。藉由建立一個穩固的基礎，發展自信心，並
且看見自己的付出獲得回饋，給了我喘息的空間，讓我在
較小的壓力下學習，因此能立刻達成我在學業上的目標。


## 避免應付考試症候群

　　這個遊戲方案的另一面，是關於不要把整個學期的時
間都花在通過一場又一場的考試。這個常見的症候群出現
在大學生身上，在醫學院這幾乎是正常狀態。很多學生在
學校存活的方式，就是一次只準備一個考試——亦即下一
個——而把所有其他的工作都留到考試結束後。但是我在
教學中從學生的經驗可以證實，這樣的習慣必須付出代價，

包括焦慮、高血壓和失眠。

安排你的時間，不是只針對一個學習段落，而是整個學期（請參考第六章的技巧）。如果你習慣遵守一個合理的時間表，你就可以排除或至少減低從這個考試到下個考試症候群的學習習慣。這會使你更積極，身體也更健康。

## 利用課本外的範圍學習

或許你像很多學生一樣，認為你的學習從教科書的前幾頁開始，終止於最後幾頁。你可能不明白還有很多其他的素材可能比這些教科書更有價值，特別是這三種資源：複習本、最近的期刊或網路文章，以及考古題。

**使用複習本或大綱書籍。**我稱這些為「大方向」書籍，因為它們直接把需要背誦的內容給你。這些資源很棒，因為你可以在閱讀教科書前先快速綜覽一遍，而且對之後的複習也非常有用。如果你剛好看到一些有用的資訊，將它標記起來、寫在便利貼上，貼在你其餘的學習資料上。不要把它們當作你唯一的閱讀來源，如果你這樣做，很可能會發現這些資料的作用似乎沒有想像中大。你可以請教老師或其他同學，或去圖書館，或是在線上書店查找，以知道應該用哪些書籍。在網路上找尋更多的文章和資源，但是要確定找的是可靠的讀物——很抱歉這麼說，但要知道維基百科並不是一個可靠的消息來源，雖然在維基百科每

項資料頁面底下列出的資料來源可能是很有用的。

**閱讀最近的期刊和網路文章。** 如果你訓練自己在學校時，就對你有興趣的領域的最新發展保持關注，那麼你就會把這項特質帶進你的專業生活中。期刊文獻除了能給你最即時的資訊，通常也比你的教科書更能對一個主題提供清晰而正確的資訊。找到最能幫助你學習的線上期刊，運用其中的資訊使你更占優勢。

**複習考古題。** 想辦法找一些考古題——如果你的老師不介意的話！要注意，有些老師對考古題有所疑慮，有些會明白地拒絕提供考古題，有些老師則完全不介意。考古題就跟你的教科書、上課筆記或複習本一樣，是寶貴的學習資源，可以告訴你老師認為必須學習的重點，因此能引導你研讀。考古題能顯示老師如何出測驗題目，因此你就可以決定如何回答問題。而且，研究考古題是測試你對書本理解程度很好的複習方法。最後，老師們每年都費盡心思想新的測驗題，所以考古題上的題目很可能會重複出現在目前的試題中。學聰明點，向之前上過課的學生或老師拿一些考古題吧。參考考古題，你可以輕易取得重點提示卡，可以在手機上瀏覽或隨身帶著複習。

克羅伊和艾莉莎的科技小訣竅

　　Quizlet 是一個很棒的 App，你可以用它來建立重點提示卡。

# 學習讀書方法的前提

　　在我討論不同的讀書方法之前，我想提個簡單的原則，我相信是所有好的讀書方法的基本概念。

　　**快速回顧重點。**在一段學習時間開始前，很快地複習前一天你研讀的材料，這會增加你對內容的熟悉度，也給你機會測試自己對書本的理解和記憶。

　　**研讀已定義好的範圍。**在開始一個學習段落前，小心而有系統地選擇你即將閱讀的一批資料。用這個方式，你會對所運用的時間有具體的目標，而且可以調整閱讀材料的分量。按照你擁有的學習時間去分配所有的學習內容，你才會知道每一個段落要花多久時間。用這種方式，在你每次完成一個段落時，你就會感覺有進度，也就不會像是漫無止境地讀書。

　　**重寫以達到更完全的理解。**如果你正在讀的段落寫得很差，令你一頭霧水，那麼嘗試用你自己的話重述一遍。如果你這麼做，你就會大大提升對那段重點的記憶。

　　**一定要完全了解閱讀內容。**把書本背起來並不表示你真的已經學會了。學習是跟著理解而來的。如果你了解你

所記憶的內容，那麼你已經學得那份知識了。反過來說，如果你只能背誦，卻完全不理解，你可能會通過考試，但是你什麼都沒有學到。

**運用你的所學。**利用你擁有的每一個機會，將所學做實際的應用，讓每天的日常活動與閱讀的材料連結。用這個方式，你會在考試時想起那個特殊的場景。實際運用是保存記憶的關鍵。

**加強你的基礎。**如果你在一開始上課就遇到問題，那麼回到最基礎的部分。加強你的基礎知識，會比浪費一整個學期茫然無措來得好。

### 克羅伊和艾莉莎的科技小訣竅

使用手機上的計時器，讓自己知道何時該前往下一個學習範圍。

## 五個助你一臂之力的讀書方法

我推薦五個特別的讀書方法，來提高你成功的機率：

1. **預習／複習。**預習和複習所有的材料，能讓你清楚你要前往的地方並促進記憶。

在開始研讀一個科目前先取得概論，以及摘要學習的內容，是建立「大方向」兩種主要的方法。如果你學會在一開始閱讀摘要及略讀課程內容，你就會事先知道在學習

段落中所包含的範圍，也能建立一套完整的計畫。然後，在讀書時段接近結束時，花幾分鐘摘要你所學習的內容。這個練習能加強你的理解，也能對特別有問題的部分提供解答。

2. **製作測驗。**我最喜歡的讀書方法之一就是在學習段落中和學習結束後自製考題。如此一來，你能學會挑出重點並加強已經研讀的內容。如果你嘗試出考題，你就能有很好用又快速的複習資源，可以在考試前參考。我在讀書的時候，會單獨用一張紙寫下我自己出的問題（背面寫上答案）。結果我這些紙條常常猜中三○％到五○％的考試題目。

如果你對研讀的內容有問題，就應該記下來，並找老師和其他資源釐清解答。針對你不了解的部分記錄問題，對複習時很有幫助，因為如果你一開始對閱讀材料不理解，很可能需要更多複習才能弄懂。

針對你不理解的內容出題目，一開始很費時也會延緩你的進度，但這樣做長久來看可以節省你的時間和精力，因為你不需要再把教科書或筆記重新讀過好幾遍，才能吸收進去。

3. **劃重點。**在教科書或筆記上劃重點（或標記）是很常用的讀書方法，而且如果使用得宜，會變成你的讀書彈藥庫裡一項很有價值的工具。我的醫學院裡有一個學生，他把教科書和筆記上幾乎所有內容都劃了重點——用十四

種不同顏色表示重要程度！在讀書時劃重點非常有效，有三個原因：

- 第一，這樣能幫助你聚焦於重點。但若你把所有內容都畫線，那只不過是浪費時間。只要選取一個段落裡的摘要句，敘述主要資訊的句子和重要的佐證。劃下你想要記憶和可能考試的部分。

- 第二，劃線能幫你更主動學習。當你選擇重要的句子劃線時，是強迫自己在讀書時採取主動，因此較不會被動地讀過文字卻錯過重要的部分，而是能跟書本互動。

- 第三，劃線能幫助你複習。如果你把相關重點劃出來，你就能很快地複習已經學過的內容。如果你什麼都沒有劃（或什麼都劃），在複習時你就會把所有的內容都看過一遍，很浪費時間。

　　4. **列出大綱。**如果你能正確並深思熟慮地列出大綱，就能讓你再一次有條理地消化閱讀材料，這樣可以提高記憶保存的機率。此外，和劃線一樣，透過決定什麼是值得重寫的重點，你就採用了主動的讀書方式——把書中每一句都劃重點是很簡單的，但是當你寫大綱時，就能強迫自己只重述重要的部分。最後，列大綱能提供你有價值的工具，在準備考試時複習。很多學生即使在教科書上劃了重點，在考試前從來也沒有再翻過書，而是依賴筆記和大綱。

　　列大綱很簡單，一開始先在頁首寫下書的標題、課程

標題和主要的主題。接著在下方列出此範圍內涵蓋的主要概念，用羅馬數字或中文國字大寫數字標示每一個概念。然後在下方用數字或標點列出你必須記得的最重要的內容。

　　然而，列大綱也有缺點。首先，這個方法可能很耗時，如果你非常忙，就可能無法持續執行。再來，列大綱需要非常有耐心，你必須能明白列大綱對你學習新知識的價值，如果你是那種想要愈快讀完愈好的人，列大綱可能就不適合你。

　　如果你決定寫大綱，就要持之以恆，在每個新的閱讀材料上劃出重點。

　　5. **假裝你是老師**。想像你正在教一個班級，必須用自己的話把所學習的知識表達出來。就像在全班學生面前大聲地解釋概念。這是最好的方法之一，讓你指出你已理解的內容重點，並且找出需要加強複習的部分。

　　總之，要知道你是獨特的。把所有學習方法都試過一次，再選擇對你最有效的方法研讀。

本章重點整理
# 讀書方法

- 在學期一開始就全力以赴，會幫助你建立紮實的基礎，鞏固你的自信心，並且給你喘息的空間。

- 利用「其他」材料，包括複習本、線上雜誌文章、考古題。教育不只包括教科書。

- 使用你讀書樂章的「方法的前奏」部分。包括在學習時段一開始，很快複習之前讀過的部分，研讀已經定義好的章節，重述寫得不好的說法，先理解再學習，最後，運用你的所學。

- 使用綜覽和摘要的技巧。

- 自己出考題，以檢驗你的理解並學習如何選取重要的資訊。

- 劃線可以幫助聚焦、主動學習，以及複習。

- 列出大綱。由於列大綱很花時間，你必須很有耐性才行。

- 假裝成老師，可以測試你對書本內容的理解程度。

第 8 章

# 上課的技術
## 課堂學習技巧

　　五歲小孩抓緊媽媽的腳，好像有什麼怪物正在教室後面等著他們。他們向媽媽乞求道：「為什麼我一定要上幼稚園？」多年以後，這批學生不再尖叫或抓緊媽媽的腳，但可能會問相同的問題：「為什麼我非得去上課？」他們的理性化技能已經提升了，可能覺得課堂內容都可以在網路上取得，或是課堂非常無聊，無聊到有人會將上課內容錄下來賣給無藥可救的失眠者，還能賺一筆錢。

　　如果你也有同感，認為上課很浪費時間，可能只因為你缺乏某些基本的聽課技巧。當你擁有能在上課時表現最高效率的必要技巧之後，你可大幅減少讀書時間，並且在作業和考試上都取得好成績。

　　在我開始談如何讓上課時光轉變為成功經驗的必要技巧之前，首先，我要問一個問題：「為什麼你要去上課？」

　　上課有很多個原因：

- 增加你對某一個學科的知識。
- 讓老師為你釐清問題點。

- 和班上其他同學見面。
- 觀察其他同學上課的表現。
- 尋找合適的讀書夥伴。
- 確保你沒有被從選課名單上剔除（如果出席是必要的話）。

當然，上課最重要的原因是講課內容。在課堂上，你通常會被教導：

- 如何學習該科目。
- 什麼是老師認為重要的資訊。
- 考試考什麼（考試的重要線索幾乎都會在上課中提及）。
- 如何吸收科目知識，讓它對你產生實用的價值。

只要認真聽講，你的學習時間就能大幅減少，因為你知道什麼是重點，以及如何學習和消化它。在本章，你會發現七個能幫助你在課堂上獲得最多的學習策略。

## 正念公式：
## 參與每一刻，能增加大腦灰質量

你可能聽過「正念」能幫助你舒緩壓力和放鬆，但是，你知道它也對你的大腦有益嗎？研究發現，正念靜坐會增加關於學習和記憶處理、自律功能等大腦區域的灰質量[15]。基本上，正念是刻意將注意力集中在某事物上。為了從課堂學習獲得最大的好處，正念意味著完全存在於當下，全神貫注地聽課。

# 1. 做好準備

一旦你下定決心去上課，下一個重要的步驟就是，準備好迎接上課時可能發生的一切。如同我前面曾提到的，做準備對達成目標太重要了。

**把你自己準備好。**意思是，前一晚必須睡眠充足。你知道晚上睡眠少於六小時，和整體大腦活性偏低相關，也可能對你的生產力造成負面影響嗎？每天晚上務必睡足七到八小時。也必須在上學前吃早餐，中午吃午餐，以保持你的心智能量，但是不要吃太飽以免讓你想睡覺。（關於攝取何種食物能幫助你保持專注和警醒，請見第十五章。）每天做些運動。已知規律的運動能促進記憶力，減輕壓力，提升情緒，以及減少注意力不足過動症、憂鬱症和焦慮症

的症狀。

**閱讀課程大綱。**在上課前知道課堂上會發生什麼事，是很重要的。相信我，如果你到教室後才發現原來當天是期中考或報告截止日，是很令人沮喪的。

**閱讀教科書中下一堂課的內容，也就是預習。**這樣做有三個目的：第一，先熟悉新詞彙，減少你因為問朋友「什麼是叢集性頭痛？是這堂課嗎？」而分心的機會——當他因你的問題大笑的時候，你們兩人已同時錯過接下來的三個重點了。解決辦法是寫下你所有遇到的問題，下課後再問，這樣你就不會錯失這段時間了。第二，預習能給你機會掌握新的資訊，因為課堂上你已經是第二次接觸到這份資訊。閱讀完後，你可能有一些沒有解答的問題，可以在課堂上發問。第三，你在聽課時更能掌握學習內容並讓老師印象深刻（這不是主要目標，但可以這樣也很好）。

---

### 克羅伊和艾莉莎的科技小訣竅

　　如果你上的是線上課程，要了解這個溝通模式與面對面的教學環境很不一樣。完全是單向講課形式的線上課程可能對你很有助益，也省了很多時間，但若課程包括簡報或要求學生互動，那你可能還是在實體教室上課比較好。

## 2. 設定目標

你想在課堂上完成或達成什麼嗎？為自己設定特別的目標。不管目標是什麼，盡量超前一點準備，能幫助你將課堂時間最優化並減輕壓力。這些目標可能是：獲得問題的解答、弄清楚老師強調的重點、努力找出可能會考試的內容。

在準備上課時，我總會設定一個目標，就是設法取得老師的授課筆記。這不總是可行的，因為很多老師是憑著記憶講課，或者不願意讓學生複印筆記。然而，在我的經驗裡，大部分老師都對講課的主題做了詳盡的筆記。如果用對的方式向老師請求，他們會願意借給學生影印。

拿到這些筆記的好處顯而易見：你不必擔心自己的筆記不完整，也通常會發現老師已經把重點劃出來和打星號了。不過，就算你真的拿到老師的筆記，我還是鼓勵你上課時做筆記，因為這是主動學習的方式，能保持你的大腦集中注意，並減少分心或在課堂上做白日夢的機率。

## 3. 避免分心，保持清醒

為了在課堂上有最大收穫，你必須減少分心，讓自己專注，保持清醒和警覺。第一條定律是，上課前先去洗手間。如果因為內急而只想著趕快下課去廁所，根本無法專

心聽講。同樣地，如果你感覺快要渴死，或你的胃已經餓
到隆隆作響，就很難對上課的內容保持專注。養成習慣帶
一瓶水、一些下課時可以吃兩口的小零食。教室通常不是
太熱就是太冷，建議在衣著方面採洋蔥式穿法，方便再加
一件或脫掉一件，好讓你保持舒適。盡量避免坐在講話很
大聲、會在上課使用手機、會很惱人地用筆敲打平板電腦，
或是上課時吃有異味食物的同學旁邊。坐在教室前排會減
少分心，也讓你更容易觀察老師，獲取坐在遠方無法掌握
到的非語言訊息。

　　你知道在上課時查看手機，會讓你的考試成績降低嗎？
這是二〇一八年羅傑斯大學（Rutgers University）研究者發
表的調查結果[16]。研究發現，在教室使用科技產品不會影響
對課程內容的理解，但會降低期末考分數的五％。更驚人
的是，就算學生沒有帶科技產品進教室，但若有其他人在
課堂上使用手機，他們的分數也會變低。

---

### 克羅伊和艾莉莎的科技小訣竅

　　如果你無法抵擋誘惑，非得查看你的社群媒體
動態或查看簡訊，那麼就把手機放在包包或背包裡，
你就不會看到它了。

---

　　如果你發現你常在上課時睡著，這裡有幾個可能有用
的建議。第一，在上課前喝一點冰水。你知道疲倦可能是

脫水的徵兆嗎？水組成你全身體重的一半以上，你的大腦和身體缺少水分就無法運作良好。上課前和上課中喝一杯水，可以幫助你感覺更清醒而有精神。有些學生發現，玩一個小玩具——安靜的！——也可以刺激你清醒。如果你讓手保持忙碌，就比較不會打瞌睡。當然，若你需要做筆記，就不要這麼做。另一個避免在上課時打瞌睡的有用方法是，盡量坐在教室的最前面。你就坐在老師的直接視線範圍內，若還是打瞌睡，不是太尷尬了嗎。

## 4. 聽到不等於聽懂

你們當中有很多人問：「為什麼我需要閱讀跟聆聽有關的事？我一輩子都在聽。」我要給你一個新訊息：就因為你做某件事很久了，並不代表你的技術等級夠高。如果針對家長和小孩、丈夫和妻子做一個調查，你會不可避免地發現這種抱怨：幾乎每一個人的聽力都有待加強。

在課堂上，針對有效聆聽有五個重要的方法：

- **讓自己坐在能清楚聽見講者的位置。**意思是坐在靠近教室前端，你就看不到會令你分心的事物；當你聽不清楚時，請老師提高音量（或再說一次）。

- **處理你聽到的內容。**光是聽，能帶給你的訊息很少，甚至根本沒有。想想你每天聽到的幾百萬個聲音，你從來沒有加以消化——街上的噪音、其他人講電

話的聲音、室友看 YouTube 影片的聲音等。你需要
注意才能處理別人說出來的東西。

● **確認你聽到並已消化過資訊。**教室的場景是一個雙
向道，在老師講解過材料後，學生必須加以回饋。
不然，你可以只聽教學錄音就好。如果老師不覺得
有人注意聽講，他的熱情就會驟減，也就不會給予
有趣和激勵性的講課了。我們都需要回饋，所以，
請用點頭確認你已理解老師說的話，當你不懂時提
出問題。這是作為一個主動聆聽者的一部分。

● **對授課內容反應。**如果你在聽、處理和確認上課
聽到的內容，你通常會在情緒上加以反應，這樣做
很好，如果你同意老師講的內容，你會感覺跟老師
有情緒上的連結。就算你不同意老師所說的，那也
很好，因為你們會對討論的主題產生對話，因此能
增加你的知識，或許也包括老師的知識。要記得，
如果你不同意老師說的，並不意味著你們沒有共識
或者無法從中學習。意見不同是很寶貴的，你可以
因此更堅定你對某個主題的立場。跟你想法不同的
人，一樣有很多值得學習的地方，因此要有耐性，
盡可能從你的老師發掘更多資訊。

● **消化你所聽見的。**在你聽到、處理、確認並回應
課堂所講的內容後，就輪到你把資訊變成自己的一
部分。這個工作只有在你心中對講課內容擁有大方

向，並且理解為何這些資訊對全班和你的學習目
標很重要，才能夠達成。如果你能對聽見的內容賦
予實際意義，知識的吸收就開始了。要是你在講課
即將結束時仍無法做到，就請求老師幫助你理出頭
緒。找到你所做事情的重要性，以及各個部分如何
嵌進大方向裡，這會幫助你成為主動的聆聽者。

# 5. 成為筆記高手

為了成為傑出的學生，你需要學習如何快速有效率地
做筆記。為什麼做筆記這麼重要？你可能認為你的記憶力
很好，但每學期的上課時數這麼長，等到期末考週來臨時，
課程前幾週的內容感覺好像已經是幾十年前的事了。

筆記是準備考試最好的複習材料。在過去經驗裡，我
發現大部分課程的考試中有七五％都涵蓋在講課內容裡。
如果你好好做筆記並加以研讀，通常在考試中可以自動達
到七五％甚至更高的成績；其他部分就是錦上添花了。另
外，如果你有一套很好的筆記，你的學習時間就會縮短，
因為你已經有最重要的材料，而且你會對如何用它來學習
更有方向感。

另一個需要做好筆記的原因是，如果你需要準備任何
國家考試或檢定，你就會有可用的資料。並且，如同我一
再認知到的，在你未來的年歲裡，筆記都是很寶貴的參考

來源。

有技巧地做筆記需要練習。以下祕訣可以幫助你：

**投資在正確的工具上。**無論你喜歡在桌上型電腦打字或是用筆記本書寫，要確認你使用的工具是對你最有效的。

**做可讀的筆記。**如果你的字體很小或字跡凌亂，幾乎看不見或難以辨識，那麼做筆記根本沒有意義。盡量寫得清楚。如果老師講話速度快到你來不及記下任何東西，就請他們講慢一點。大部分老師都會樂意配合，而且歡迎學生的回饋。如果你跟不上老師，很可能其他同學也跟不上。

---

### 克羅伊和艾莉莎的科技小訣竅

如果你用筆記型電腦和平板電腦做筆記，一定要記得在上課前開一個檔案，隨時可以使用。為每個科目建立一個資料夾，按照日期把每一次的上課內容分開存檔，你就可以很容易找到檔案。下課後，重新檢視你的筆記，用**粗體**或**螢光色**標出最重要的概念。

---

**為筆記加上標籤以方便搜尋。**在當天的筆記最上方，寫下日期和特定的課程標題，可以幫助你在準備考試時整理筆記，也會幫助你歸檔。

**使用縮寫。**要快速做筆記，就使用縮寫。你自己編的也沒關係，只要前後一致就好。我常用的一些縮寫如下：

**組織你的上課筆記。**老師們通常會按照大綱講課，如

果你能將他們的大綱合併到你的筆記裡，這樣筆記會更容易理解，日後參考也更方便。如果你無法取得授課大綱，就在筆記上大略擬一份。

**預留空白。**在做筆記時，一定要留下足夠空間，讓你可以補上漏掉的資料（這是無可避免的）。在紙頁的左側或右側留下夠寬的空白是好的做法，讓你可以把主要概念寫在旁邊空白處，標示筆記內文的主題。

**整理列表。**如果老師說，他要解釋一個化學程序的

| # | 數字 |
| --- | --- |
| @ | 在 |
| ~ | 大約或將近 |
| b/c | 因為 |
| b4 | 之前 |
| btwn | 介於 |
| esp | 特別是 |
| etc. | 等等 |
| ex | 例如 |
| ie | 比方 |
| impt | 重要的 |
| re (regarding) | 關於 |
| s/t | 某事 |
| tho | 雖然 |
| w/ | 用 |
| w/i | 在內 |
| w/o | 在外；無 |
| x | 次數（例如：5x/天） |
| yrs | 年 |

五個步驟；內戰開始的四個原因；或是大腦異常症狀的三
種類型；你一定要使用編號列出這些關鍵重點。你也可以
用破折號、點列式、星號來列表，指出主要的重點。

---

### 克羅伊和艾莉莎的科技小訣竅

　　如果你無法為你很常用到的字詞發明縮寫，就
上網找縮寫表參考。

---

**比較別人的筆記。**如果班上有另一個你很信任的人，
可以互相比較筆記，這會非常有幫助。這個做法能幫助你
們兩人把漏洞補起來，並且檢查筆記的正確度。

**寫下對的數量。**我知道有些學生只是坐在課堂上，只聽
老師講課或在筆記上偶爾寫下幾個字，試圖吸收所有重點。
我也認識有些學生幾乎把聽到的每個字都寫下來。很顯然，
答案是在這兩種極端中間的某處。如果你無法取得平衡，請
務必把你的天秤往做筆記強迫症的那一邊移。大量的筆記是
值得的，在你之後複習筆記時，可以移除那些多餘的部分。
關於需記下多少，最重要的線索在老師身上。愈需要努力解
釋的內容，也愈需要你注意他們在說明什麼。課程大綱要花
很多時間準備，因此要清楚上面寫了什麼。

**檢查黑板。**如果老師在黑板或白板上寫了些資訊──
姓名、日期、表格、圖表、專有名詞──就記在筆記上。
老師寫下那些內容需要用心，你應該要了解他們強調的重

點為何。

**注意講者的語言和非語言線索。**如果老師說某件事很重要，你為什麼要懷疑呢？畢竟，老師是出考題的人，如果一件事老師在課堂上用三種不同的方式重複講了三次，就要注意老師刻意強調的，你的筆記當然也要記下那個重點。如果老師突然停頓，感覺上好像在等你寫筆記，那就寫下來。注意老師講話聲調的改變，仔細聽某些語氣加重的字詞，也要注意老師身體語言傳達的訊息。學會觀察並且真正認識你的老師們。學會解讀他們是一種技巧，而掌握這種技巧唯一的方式，就是有意識地努力去理解他們所說，以及傳達的方式。

**標記重要性。**如果很明顯地，你並不了解某個點，那麼就在筆記上它的旁邊打一個問號，這樣你才會記得再回來將它解釋清楚。同樣地，如果你知道某個點很重要，就用劃線和星號標示，這樣之後你就會記得它很重要。無論如何，如果老師說有哪些重點會考，就把這件事適當地註記下來。

**找到大方向。**記下最重要的內容之後，接著就要盡可能填入老師認為重要的細節。記得要從老師取得提示──因為他們是拿薪水做這件事的。

**堅持到底。**關於做筆記，我想說的最後一個重點是「堅持到底」。每堂課的最後十到十五分鐘通常是最重要的。老師可能會做重點摘要，並說明實際的用法，也會告訴你

下一次上課的內容。很多學生等不及下課（一直看教室時鐘，希望老師看見他們，會知道他們的意思）就錯過一些重要的資訊。一定要專心到最後一刻，才能從課堂得到最大的收穫。

# 6. 掌握發問的技巧

在課堂上問問題可能是很弔詭的。一方面你想要說明已經理解的重點，另一方面，如果你在上課只剩兩分鐘時問了一個很長、很細節的問題，你可能會惹毛那些等不及衝出去趕下一堂課或是去吃午餐的同學。下列建議可以幫助你問得恰到好處。

### 克羅伊和艾莉莎的科技小訣竅

如果你上課時無法一次問完所有的問題，下課後也找不到老師，就問他們的電子郵件信箱，你可以把問題寄給他們。大部分大學教授和一些中學老師都會給學生聯絡資訊，讓他們發問，你也可以在上班時間去拜訪老師，請他們提供額外的協助。

**確認你的問題具有相關性。**我聽過有人說，沒有笨問題。如果你跟我一起上課，聽到某個學生問那種就連微不足道的書也會認為微不足道的問題，你就會同意有些問題是真的很蠢，或至少是不恰當的。保持敏銳，不要浪費同

學們的寶貴時間。如果你的問題很少或荒腔走板，沒關係，下課後再問老師就好。把上課時間留給與學科呈正相關的問題。

　　**如果你一頭霧水，就早點問，不要等。**如果你發現上課時抓不到大方向，很有可能其他同學也一樣。你愈快請老師停下來，將你導向正途，就愈好。老師會很樂意直接釐清疑慮，而不是稍後再處理。

　　**問題愈具體愈好。**如果你問一個模糊和開放性的問題，老師可能無法清楚地為你解答。

　　**別猶豫用尊重的態度挑戰你的老師。**如果你不同意老師，希望他們進一步解釋對某個主題的見解，是沒問題的。這是學生和老師互相學習最好的方式之一。如果老師對某個主題真的很專業，他們就不會被你威脅。學習用互相尊重的態度辯論，是值得建立的好習慣。

　　**不要用你的問題霸占整堂課。**給別人機會提問和參與對話。而且，如果上課快結束了，就把問題留到下課後。保持禮貌也是一種藝術！


# 7. 複習上課內容

　　上完課了，然後呢？有些學生一出教室，就把那個科目忘得一乾二淨，直到下次再踏進教室。這不是成為優秀學生的方法。在教室外花一點努力，你就能在回家作業、

作文和考試上表現得更好。

**找老師釐清你的筆記中任何有疑問的部分。**愈早弄清楚這些地方愈好。

**下課後盡快重新整理一份筆記。**雖然重新整理筆記似乎很花時間，也沒有生產性，但這麼做有重要的功能。第一，重新抄寫筆記能加強你的大腦對內容的印象，幫助你更容易記憶。眾所皆知，如果你下課後愈快複習上課內容，就會比你兩個星期後再看到它記得更久。第二，重新整理能讓你組織散亂和匆忙中寫下的筆記，讓它更有條理、容易閱讀。第三，重寫筆記可以給你機會補充和回答任何你在上課時發現的問題。最後，完整的筆記在快要考試時，對你很有用處，除此之外，如果你之後修習同一個領域的進階課程，也很有幫助。如果你認同這個主意，那麼至少在寫完筆記的七十二小時內重新複習並補上缺漏。

**製作你認為會考的重要資訊的題目。**把問題寫在一套新的筆記上。如果你試著去做，就會變得很擅長預測考題，以至於你的筆記足以解答大部分的考題。

**製作一組搭配「大方向」的事實表單。**這些筆記不止包含主要重點，在考試即將來臨前，對於快速複習也非常有用。如果你已先完成事實表單，就會感受到它帶來的重要價值。

**本章重點整理**
# 課堂學習技巧 ——————

- 上課能夠增進知識、釐清問題、與其他學生互動、找到合適的讀書夥伴，並且維持良好的出席率。

- 透過充足的睡眠、保持足夠水分、預防飢餓感、坐在教室前排、理解上課內容通常就是考試內容，為上課做好準備。

- 上課時有效聆聽包括聽到、處理訊息、確認、反應、消化。

- 上課筆記通常是你準備考試最佳的複習材料。

- 做筆記時使用縮寫，字寫得愈清楚愈好，在你聽不懂時請老師放慢速度，在筆記的空白處留下足夠空間寫重點，與他人比較筆記。

- 決定寫多少筆記，了解老師傳達訊息時投入的努力，注意語言和非語言線索。

- 問問題時，切入重點，一有問題就發問，要具體，而且有禮貌。

- 重新整理筆記以提高可讀性，重新組織，補上空缺，再次複習內容。

- 製作自己的考題，建立「大方向」事實表單。

第9章
# 有效提升記憶力
## 記得更快又更久

　　「阿爾及爾遇到三個沒有擋泥板的勇士，當露西滑倒在他的蝨子上。」蛤？我知道這聽起來像一本很棒的科幻小說開頭，阿爾及爾這位主角，在城市治安不良的角落遇到三輛車，車上的擋泥板都被拆了。同時，襪子的主人露西，被某種很大的蝨子絆倒。這個怪誕的畫面，在我腦海中停留了很久。其實，這是我的朋友，也是醫學博士亞倫·理查森（Alan Richardson）製作來幫助記憶十種必需氨基酸（蛋白質構件）的圖像。以下就是這個奇怪句子真正的意思：

　　「阿爾及爾〔Arg/ile（arginine，精氨酸；isoleucine，異亮氨酸）〕遇到〔met（methionine，蛋氨酸）〕三個〔three（threonine，蘇氨酸）〕沒有擋泥板〔fenderless（phenylalanine，苯丙氨酸）〕的勇士〔valiants（valine，纈氨酸）〕，當露西〔while Lucy（leucine，亮氨酸）〕滑倒〔tripped（tryptophan，色氨酸）〕在他的〔on his（histidine，組氨酸）〕蝨子〔lice（lysine，賴氨酸）〕上。」

　　這是使用大腦的「頂葉」來提升記憶力的最佳範例之

一。頂葉位在頭部後側，主要和處理感官和方向感有關。它也具有很強大的關聯屬性，能讓這種記憶的技巧發揮效用。亞倫所做的只是把他已經知道的資訊——阿爾及爾、襪子、擋泥板、蝨子等——與他想記憶的新材料連結。他把學到的資訊儲藏在大腦裡，這些聯想提供一個方法，讓他在需要取得資訊時可以找得到它。

　　能回想已學習的知識，這個技巧對學生有無限的價值。在本章，你會學到幾個幫助你培養更佳記憶力的技巧，讓你學得更快，也記得更久。

## 大腦如何記憶

　　記憶是一套複雜的程序，要先從你的感官——視覺、聽覺、嗅覺、觸覺和味覺——採集新的原料，並將這些經驗轉換成記憶。記憶有三個主要步驟：

1. **解碼**：發生在你的大腦注意到感官訊息輸入時，不論是無意識地因為與經驗（想想你的初吻）連結的情緒，或是透過有意識地專注於某事（比如學習）。研究顯示，當我們將目的與經驗和事件聯想在一起時，通常可以更清楚地回想起來，並且將記憶保留得更久。

2. **儲存**：儲存的程序使你能取回已被你編碼的記憶。海馬迴（hippocampus，又稱海馬）位在大腦顳葉，

作為儲藏程序的入口。與你想的恰好相反的是，記憶並不是很整齊地收集在大腦的某個中央儲藏室裡，讓你可輕易存取。他們通常是破碎成一小塊，塞在大腦不同的區域。

3. **回想**：這個動作，代表你的大腦去取回一個被編碼、儲藏的記憶。這個動作的發生，需要你的大腦主動尋找並收集所有的記憶碎片。它並非簡單得像按下你手機影片上的「播放」鍵，而是比較像電視、電影那樣描述一個重新發生的事件。這就解釋了為什麼不同人對相同事件的記憶會不一樣，以及記憶如何隨著時間進化。回想記憶會刺激神經通路，主動訓練你的記憶能使它增強。

## 記憶和成對的海馬迴

如果你有一匹價值一百萬美元的賽馬，你會餵牠吃垃圾食物嗎？你會讓牠喝啤酒或是放毒品在牠的食物裡嗎？當然不會！身為一個明智的人，你絕對不會如此對待一匹價值不菲的馬。你知道你的大腦裡有一個更有價值、形狀像海馬一樣的結構嗎？事實上你有一對。但是，如果你像大部分人一樣，你可能不會察覺到它們和它們的重要性。它們的大小跟你的拇指差不多，位於你的顳葉裡，在你情緒腦的一部分。我們稱其為海馬或海馬迴，因為它們的形狀就像這種可愛的水底生物。

這兩個結構對你的記憶扮演重要角色，幫助你記得你把歷史課本放在哪裡、解剖課上所有重要的大腦分區名稱，以及昨天晚上你為今天的小考讀了什麼。你可以藉由第五章提到的調校大腦的策略，幫助維持你的海馬迴健康。

## 認識三種記憶

一開始，讓我們簡單看一下這三種記憶的類型：立即的、短期的、長期的記憶。

**立即記憶。** 你的立即記憶讓你能記得短於一秒的資訊，時間足夠讓你運用或回應之。它讓你一次只處理一件事情。這些記憶大多數會消失，因為沒有經過編碼。以下有幾個例子，告訴你在課業上你能如何運用立即記憶：

- 當你重寫一篇文章時，每當你抄下幾個字，就會運用你的立即記憶。
- 當你閱讀一本教科書時，你就是在持續運用你的立即記憶，給自己時間處理印刷的文字。
- 當你聽一堂課時，你運用你的立即記憶做筆記。

提高立即記憶力最好的方式，就是注意你正在做、讀或聽什麼。你的立即記憶一開始會吸收材料，然後你決定是否丟掉這個材料，或是把它放入你的短期記憶庫。

**短期記憶。** 你的前額葉皮質掌管短期記憶，讓你短暫儲存數個資訊（一分鐘或更短）。失去這種類型的記憶，

是阿茲海默症或其他類型痴呆症的典型症狀之一。在診斷這種症狀時，我通常會請病人記得三件事——例如：一九六六年的雪佛蘭汽車、一顆紅球，以及舊金山的朗巴德街。幾分鐘之後，我會請這個人告訴我這三件事，痴呆症的患者由於短期記憶受損，通常無法正確地反應。

透過專注於需要記憶的資訊、理解資訊的背景，以及將幾個類似的資訊分為一組，可以提升短期記憶。如果你發現自己失去保留記憶幾分鐘的能力，那麼嘗試專注於你正在做的事，你應該會發現你的短期記憶進步了。有時候，提醒你的大腦記得某些東西，確實能幫助你建立連結（很諷刺對吧？）。

短期記憶是立即記憶和長期記憶之間的過渡。在決定記住什麼之後，你將它在短期記憶裡記得夠久，就可以把它變成長期記憶。

**長期記憶。**長期記憶能留住幾分鐘以上的記憶並且能持續幾天、幾週，甚至幾年。能夠儲存在長期記憶裡的物件數量是無限的。長期記憶由海馬迴處理，然後儲存在大腦不同的區域——例如聲音存在顳葉，視覺線索存在枕葉，感官線索存在頂葉。無疑地，你在潛意識裡已經找到很多方式組織和取得儲藏在這裡的資訊。然而，如果你有系統地組織你想要記憶的材料，運用聯想讓你的頂葉幫你分類，就會更容易取得這筆資訊。

這三種記憶類型獨立運作。為了將資訊儲存在你的長

期記憶庫，首先必須實際儲存資訊在你的立即和短期記憶
帳戶裡。

## 大腦的記憶

| 記憶類型 | 持續時間長度 | 相關大腦區域 |
| --- | --- | --- |
| 立即的 | 短於一秒 | 視覺皮質<br>（頂葉／枕葉） |
| 短期的 | 短於六十秒 | 前額葉皮質 |
| 長期的 | 數小時至數年 | 海馬迴，大腦處理<br>「記憶」的入口 |

## 為何無法記憶

在提出增強長期記憶的特定技巧之前，我們先來討論
四個記憶失效的常見理由。

**缺乏對細節的專注。**如果你不注意講者傳達的訊息，
那份資訊就不會進入任何記憶系統，在被吸收消化之前就
已經消失了。這通常就是我們為何很難記住名字的原因，
因為根本沒有注意。遠離任何使你從目標分心的事物。如
果你想記得一件重要的事，就要很認真的對該資訊保持雷
射般的專注──我的意思是，你要真的想像雷射從你的腦

部射出，就像電影《星際大戰》一樣。這個比喻很難忘吧！

**對你嘗試記憶的資訊缺少理解。**如果你不明白你想儲存的訊息，就不會知道要將它放進記憶庫的哪裡。心不在焉、一知半解地重複你不了解的詞彙，是很差的讀書方式，也沒有效率。

**無法看見「大方向」。**如果你無法將想記憶的閱讀材料之細節放入更大的脈絡中思考，那麼這記憶就會像秋天被吹落的樹葉般散落在你的大腦。先取得大方向，才能幫你理解和記憶。

**欠缺動機。**如果你不知道記住某事的意義何在，就很難付出努力去完成。如果你需要說服自己這件事很重要，就立刻去做。你的時間很寶貴。也許你不喜歡某一堂課，覺得很無聊，但它是你主修的必選課程，因此讓自己有動力研讀，是很重要的。想想你的努力會帶來的成果，你會明白這很值得。

清楚這些重點後，以下是你為了提升記憶可以做的四件事：

- 注意並專注在講者表達的內容。
- 明白理解先於記憶。
- 記得把細節放進「大方向」是更有效率的，而不是亂槍打鳥。
- 說服自己記憶閱讀材料的重要性。

# 六個工具幫助你打造更好的記憶力

很多教育者認為，記憶輔助工具在教學上不重要，只要你理解，就能記住。錯！記憶輔助工具對於幫助你記得概念和相關事實非常有幫助，可以節省時間，並且驚人地提升你的記憶持久性。

我推薦六種記憶工具，或稱記憶術，可以增強你儲存閱讀內容的能力。我在學校念書時，就已經使用這些方法，它幫助了我很多的病人，對克羅伊和艾莉莎也很有效，現在它也能幫助你。這些方法包括運用已處理過的資訊，與需要儲存的資訊之間的聯想。這些技巧能幫助你成為一個主動學習者，不管任何時候，只要你將活動與學習結合，就能提高記憶留存的機率。

### 記憶工具 1：如何記得日期和數字

第一個工具，已經存在超過一個世紀了。A. 羅塞特教授（A. Loisette）在他一八九六年出版的書《同化記憶》（*Assimilative Memory or How to Attend and Never Forget*，暫譯）中寫道，這套技巧提供一個簡單的原則，將數字轉換成英文字母，因此只要使用和數字對應的字母來創造文字或句子，就能很容易記住數字。以下舉例：

| 數字 | 子音 | 理由 |
|---|---|---|
| 1 | t, d | t 有一個向下的筆畫，d 看起來像 0+1=1 |
| 2 | N | n 有兩個筆畫 |
| 3 | M | m 有三個筆畫 |
| 4 | R | r 是 four 的的第 4 個字母 |
| 5 | L | 大寫 L 是羅馬數字的 50 |
| 6 | g, j | g 看起來像倒過來的 6，大寫 J 看起來像向後的 6 |
| 7 | 輕音 c | 輕音 c 和 7 的開頭發音一樣 |
| 8 | F | 8 和書寫體的 f 都有 2 個圈 |
| 9 | p, b | 向後的 p 或上下顛倒的 b 看起來像 9 |
| 10 | z, s | z 是零（zero）的第一個字母；s 看起來像向後的 z |

在這套方法中，所有其他子音和母音都與數字無關，你可以在十分鐘內或更短的時間就學會這套編碼系統，這會是這輩子你花得最值得的六百秒！一旦你學會了，就能將任何數字轉譯成一個單字或句子，很輕易地讓大腦發揮聯想作用。這裡有幾個例子：

- 如果你必須記憶使黃金融化的溫度是華氏一九四三度，就可以回想「這個金條真的會融化（This bullion really melts.）。」每個字的第一個字母是：t=1，b=9，r=4，m=3。〔注意：金塊也叫做金條（bullion）〕

- 如果你需要記住南極有史以來最低溫度是攝氏負八十九度，可以回想「凍屁股（freezing butt）」的第一個字母：f=8，b=9。

### 克羅伊和艾莉莎的科技小訣竅

　　如果你不擅長記住日期，最簡單的方式就是將節日、假期、生日和約會輸入到你智慧型手機的行事曆上，並設定提醒。

你可以使用一個片語中各單字的第一個字母作為鑰匙，或是把所有關鍵字母放在同一個單字中。使用這項技巧能讓你記住日期、時間或其他數字。

## 記憶工具 2：押韻有助於記憶

押韻是回憶規則和次序的一種很受歡迎的工具。以英文來說，想一下這些常見的押韻：

* I 在 E 前面，但是在 C 後面。（I before E except after C.）
* 春天在前，秋天在後。（Spring ahead, fall back.）（譯按：雙關語，往前跳，往後倒）
* 一四九二年，哥倫布航行在蔚藍海面。（In 1492, Columbus sailed the ocean blue.）

押韻能使看似完全無關的事物透過一個韻律的音節產生連結，押韻特別可以用來建立明確的次序，因為一旦回想的次序出錯，就會破壞整個韻律。

還有另外一種方式能幫助你用韻律來記憶一組資訊：

* 1 是麵包。
* 2 是鞋子。
* 3 是樹。
* 4 是門。
* 5 是蜂窩。
* 6 是棍子。
* 7 是天堂。
* 8 是大門。
* 9 是線。

● 10 是母雞。

你現在可以選擇十樣你想記得的事，按照確定的順序，在心裡想像那件事物和對應的數字後列出的物件之間的連結。不出幾分鐘，你就能輕易地記住它們的順序。用這個方法試試其他不相關的資訊，觀察這個方法是否對你有效。舉個例子，假設你必須依序記住英皇亨利八世的六位妻子，從第一個到最後一個，你可以這麼做：

1. 阿拉岡的凱瑟琳（Catherine of Aragon）：她吃麵包，現在沒了。〔阿拉岡（Aragon）的後半部。譯按：音同 gone〕

2. 安・寶琳（Anne Boleyn）：她穿保齡球鞋。（保齡球的英文是 bowling，聽起來像寶琳）

3. 珍・希摩爾（Jane Seymour）：她跑到樹上為了看見更多東西。（Seymour 發音＝ see more）

4. 克里夫的安（Anne of Cleves）：她從門離開。〔離開（leaves）聽起來像 Cleves〕

5. 凱薩琳・豪沃德（Catherine Howard）：她的姓第一個字母和蜂窩（hive）一樣。

6. 凱薩琳・帕爾（Catherine Paar）：她跟她的高爾夫球桿（就是 club，棍子）齊頭並進（齊頭的英文是 shot par，聽起來像 Parr）。

## 記憶工具 3：用地點記住特定事物

希臘詩人西蒙尼底斯（Simonides）據說有一次剛離開
宴會，宴會場地的屋頂就坍塌，把裡面所有的人都壓死了。
屍體難以辨識，但西蒙尼底斯記得他們所坐桌子的位置，
所以能辨認出死者。

「位置方法」的實際使用，包括將一個關聯性的物品
置入某個特定位置，之後藉由回想那個位置，讓物品和事
件的記憶被重新喚起。舉例而言，在記憶一篇有組織、有
大綱的演講時，選擇概念和主要的段落，將他們設法與你
家中的各個房間做聯想。當你在演說這篇稿子時，想像自
己從一個房間走到另一個房間，發掘你已安排好適當順序
的聯想。這裡有一篇演說的範例，主題是關於大腦的五個
主要分區：

| 大腦分區 | 房間 | 聯想 |
|---|---|---|
| 前額葉皮質 | 前門 | 從前門開始是前額葉皮質 |
| 顳葉 | 客廳 | 顳葉與聽覺處理有關，你正在客廳聽音樂 |
| 枕葉 | 起居室 | 枕葉與視覺處理有關，就像你在起居室裡看電視 |
| 小腦 | 後院 | 小腦與動作協調有關，就像你在後院玩接球 |

如果你練習這個技巧，除了你可以想像的地點數量，沒有什麼可以限制你的聯想力。

### 記憶工具 4：使用首字母縮寫字或同一個開頭字母

使用首字母縮寫（例如 NASA 是幾個字的頭一個字母合併成的字）很有用。同樣地，首字母造字是使用字的第一個字母，但是這些字不會形成一個可發音的字（就像本章一開始那個瘋狂的句子）。當我必須記住一連串資訊時，我做的第一件事就是檢查這些字的第一個字母，看我是否可以將其排列成相關的字或詞。一般說來，素材愈豐富就愈有可能讓你輕鬆地記住。以下舉例：

「在古奧林帕斯山的巍峨山巔，一個芬蘭人和荷蘭人看到一個蹦。」（On old Olympus's towering top, a Finn and German viewed a hop.）每個字的第一個字母都依恰當的順序對應到十二條顱骨神經的第一個字母：嗅覺（olfactory）、視覺（optic）、動眼（oculomotor）、滑車（trochlear）、三叉（trigeminal）、外旋（abducens）、顏面（facial）、聽（acoustic）、舌咽（glossopharyngeal）、迷走（vagus）、副（accessory）、舌下（hypoglossal）。

隨堂考時間到了！記得本章一開始我用首字母造字的例子嗎？若不記得，隨時回頭複習吧。

我在學生時代與職涯中，結合了超過一千個這樣的句子。縱使我不記得全部，也會在考試來臨和我需要的時候

記得。練習這個方法，你的記憶力會感謝你！

### 記憶工具 5：創造圖畫以增強記憶

你知道大約三〇％的腦神經元都專責圖像處理，八％負責觸覺，而僅有三％負責聽覺嗎？頭腦是用圖像的方式思考，因此藉由創造圖像來記憶資訊，是非常有效的。用核心的人物和相關細節建立大方向，這也符合本書的主題。在創造圖像時，請記得這三個重點：

- 須包括動作，因為你的大腦像電影而不是靜態的照片一樣思考，所以愈多動作，你就愈能在畫面裡使用更多的細節。

- 盡量使用怪異而非主流的圖像。這讓你因為想起那些奇怪或獨特的東西，而更容易記憶細節。

- 將場景的主題與能使你記得為何這場景與某些概念和細節相關的事情，聯想在一起。請看下面的例子。

我創造的最佳輔助記憶圖像之一，就是具傳染性的衣原體（infective organism chlamydia），可能造成至少五種疾病：象皮病（elephantiasis，腳嚴重腫大）、性病淋巴肉芽腫（lymphogranuloma venereum，一種性病）、肺炎（pneumonia）、肛門病變（anal abnormalities），以及一種叫做鸚鵡熱（parrot fever）的疾病。在我創造的影像中，場景位在海底，有一個大型蚌殼（衣原體，chlamydia）坐在那裡。蚌殼上面站著一隻大象（象皮病，

elephantiasis）和愛樂維（發音是 LV，代表性病淋巴肉芽腫，lymphogranuloma venereum），我的一個熟人坐在她後面咳嗽（肺炎，pneumonia）。愛樂維是出了名的臀部運動過多，這就是和肛門病變的聯想。最後，在她肩膀上站了一隻聒噪的鸚鵡（鸚鵡熱，parrot fever），牠正要跟愛樂維說任何醫學界在研究衣原體上的最新發現。在畫面裡留白，以方便有必要時再擴充圖像中的資訊。這個圖像我記得好幾年，這個技巧確實對我的記憶力有極大幫助。

### 記憶工具 6：製造連結

最後一個輔助記憶的方法，是關於找出必須儲存的資訊裡可連結的組合。可以結合之前提過五種技巧的任何一種，或是使用數字和字母的組合。這些組合包括回想一個群體中的某些物件數量：「在但丁的神曲裡有九個地獄界，我只有六個；我必須再想出三個。」這個方法用在記憶很長的名單、按照分組時更有效。舉個例子，比方你的自然科老師要你記住十種雲的基本型態：

### ▌ 低層雲

- 積雲（Cumulus）。
- 積雨雲（Cumulonimbus）。
- 層積雲（Stratocumulus）。
- 層雲（Stratus）。

### 中層雲

- 高積雲（Altocumulus）。
- 高層雲（Altostratus）。
- 雨雲（Nimbostratus）。

### 高層雲

- 卷雲（Cirrus）。
- 卷積雲（Cirrocumulus）。
- 卷層雲（Cirrostratus）。

看起來像是在背一份隨機的列表，但是，如果你記得其中有五個名詞是 C 開頭，兩個是 A 開頭，兩個是 S 開頭，一個是 N 開頭，那麼要記憶就容易得多。這是一個簡單的工具，如果你可以找到相似性，就能更輕鬆記憶。如果你有太多組資訊要記住，這個方法可能有些混亂，但把這個方法和其他技巧組合，就有助於解決問題。

在一開始接觸你的閱讀材料時，就形成這些輔助記憶的內容是很有幫助的，因為你可以有更多時間找出相互關聯性。一開始就要找到關聯性，可能不總是很容易，但通常你可以找到這六項技巧中的一個或多個，好讓你組織你的資訊。思想靈活一點，使用任何對你有效的方法。

輔助記憶術的威力在於它可以簡化冗長、不相關的訊

息串，形成簡短而相關的清單。練習這個技巧吧！投資時間訓練記憶力，將會拯救你脫離無聊的反覆背誦。然而，如果你並不享受這種創意的時光，那就重複要記住的資訊，直到你完全了解。至少透過重複，你是主動地學習材料，而主動是學習的基本要件。

本章可以用有效記憶的四個原則來做摘要：

- 注意你的學習內容。

- 將學習材料內化，確定內容是依照邏輯的順序組合，你也了解它的全貌。

- 對你想學習的材料和你已處理過的內容建立關聯性——關鍵是聯想。

- 明白任何針對閱讀材料的心智活動，例如形成圖像、押韻或首字母縮寫，都能增加資訊處理的深度，自動幫助你形成連結，提高提取記憶的能力。

本章重點整理
# 前額葉關聯 ————————

- 聯想式記憶的關鍵鑰匙。
- 立即記憶起初吸收資訊,透過聚焦注意於你要背誦的內容,從而提升記憶。
- 長期記憶只是長期儲存材料,而且最初須依靠立即記憶和短期記憶。
- 通常記憶失效是因為一開始缺乏專注、理解、脈絡或動機。
- 輔助記憶術能促進你回想記憶的能力,學習使用這些技巧能使你獲益。
- 如果你的聯想力低落,重複會是有用的方法。

第 10 章
# 兩個頭腦比一個好
## 和同伴一起學習

　　你一定聽過這個諺語:「三個臭皮匠勝過一個諸葛亮。」呃,我是說兩個頭腦比一個好。通常,當你對讀書或工作感到茫然無措和無聊的時候,是「無腦」在努力學習、吸收或記憶資訊的。當兩個頭腦一起工作時,就可以消除大部分的問題,而且進展得更快速。在本章,你會學到跟同伴一起念書的原因、選擇讀書夥伴最佳的方式,以及最有效的小組讀書法——包括你應該讓小組人數保持最多二到三人的原因。

## 為何要和別人一起讀書?

　　有夥伴一起讀書的好處多多,例如增加你對學習內容的理解、取得更好的成績,以及建立堅強而持久的友誼(不一定按照此順序)。和另一個人一起讀書也能打破僵化、獨自學習的單調感。簡單說,和另一個人一起「受苦」,通常會更有樂趣,而任何有樂趣的事物,通常會增加從事該活動的時間。

## 做個社交人：
## 健康大腦和人生的四個範圍之一

在我讀醫學院時，院長西德・加瑞博士（Dr. Sid Garrett）曾經演講過一個主題：「如何幫任何年齡層的人解決任何問題」。他說的話一直留在我的腦海。加瑞博士告訴我們：「永遠要把別人當做完整的生命，而不是他們的症狀。」從他的觀點，在治療一個人時，我們永遠都該考慮四個健康和疾病的範圍：

- **生物的**：你的身體如何運作（身體和聰明頭腦因素）。
- **心理的**：發展問題以及如何思考（心智）。
- **社會的**：社會支持和你目前的生活狀況（連結）。
- **靈性的**：你的意義和使命感（靈魂）。

在亞曼臨床中心，我們採用這四個方面，以平衡完整的方式調校大腦。擁有好的讀書夥伴是關於社會層面，可以幫助你面對學校的壓力和其他生活的挑戰。有了這類型的社會支持，可以多方面提升你的大腦。


一起念書有助於釐清自己的弱項。透過分享筆記，你和夥伴都會發現自己遺漏的重點，把筆記的缺口補上，也會更了解課堂上強調的重點是什麼。兩個人一起尋找問題

會更容易。當那份資訊對兩人都有益時，可以共同分擔搜尋資訊的任務。如果你們無法一起弄懂內容，就需要請老師協助。

有一個活潑、幽默或者是能力相當的共讀夥伴，會更容易在你鬆懈時督促你繼續前進，幫助彼此保持動力。另外，有人可以說話和交換想法，能讓你在冗長的學習時段裡保持清醒。

### 克羅伊和艾莉莎的科技小訣竅

和小組讀書最棒的一件事，就是你可以分散研究。意思是，你只要花一半的時間上網搜尋，仍然可以取得你需要的全部資訊。

和同伴一起讀書的最後一個理由是，你可以觀察同伴如何學習，這能給你機會將新的、不同的方法併入你的學習彈藥庫中。而最後，將提升你整體的讀書技巧。

在我和讀書夥伴一起學習的經驗裡，我得到的好處最多是：

- 他們告訴我在他們的認知下，這個科目主題的主要概念。
- 他們告訴我可能會考什麼題目。
- 我將他們的想法與我自己的做比較。我很可能漏掉好幾個重點（我的夥伴也一樣），但是透過將我們的知識和看法互相比較後，我們兩人都能找到更完

整的、總括的方向。

- 考試前我會聽到重複的資訊和已經解答的問題。看見和聽見資訊能大大地幫助記憶！

## 選擇你的讀書夥伴

現在你知道和另一個人一起讀書是有好處的，那麼，你該如何找到好的讀書夥伴呢？請仔細選擇，因為一個好的夥伴可以幫助你收穫豐碩的成果，而錯誤的夥伴卻可能拖垮你的進度和成績！以下是尋找好夥伴的重點。

**尋找平等和相容性。**尋找讀書夥伴就像選擇伴侶一樣。你們會經常在一起，因此，在這些時間裡能夠開心而且有建設性，是很重要的。確認你考慮的那個人和你有一些相同或類似的讀書習慣。如果你習慣早上六點起來讀書，接著去健身房後運動後再去上課，但是對方習慣晚上參加派對完再回去念書，這種組合可能不會成功。你需要找到跟你的聰明程度、理解速度、組織方式相當的人。否則，有較好讀書技巧的那一個人，最後會變成家教，這就不是這個方法原先的出發點（稍後我們會談家教的重要性）。

**和一些夥伴試讀。**在學期前半段，試著找不同的人一起讀書，直到你找到在聰明程度、技巧、動力上都與你旗鼓相當的人。不要一下子就投入一段讀書關係，找到對的人必須花時間，因此要看清楚你的選項。

---

### 克羅伊和艾莉莎的科技小訣竅

　　選擇讀書夥伴就像用約會 App 一樣，往右滑或往左滑來接受或拒絕一個人。在學期一開始就盡量參加很多的「讀書約會」，直到你找到一個跟你旗鼓相當的學習夥伴。

---

**找相同主修或對相同領域有興趣的人。**務必找到可以和你一起享受學習的人，特別是跟你有同樣主修的夥伴，這樣你們就不只有一堂課可以一起上了。

**可靠很重要。**在一起學習時，確認你的夥伴是可靠而用功的人，這非常重要。如果他們一直都疏於為學習時間做準備，或者在連續共讀的第三次就不來了，那麼你就該找其他的夥伴。

**二是魔法數字。**將你的讀書小組人數維持在兩人，絕對不要超過三個人。人數眾多的團體適合開派對或禱告會，但不適合讀書。你很快就會發現，就算只有三個人一起，你也很難保持速度或不偏離軌道。

**不要選擇你想約會的人。**沒錯，我的確說過選擇讀書夥伴就像選擇伴侶一樣，但是這真正的目的在於讀書，而不是約會談戀愛。如果你發現自己被讀書夥伴吸引，你的大腦會釋放化學物質和荷爾蒙，讓你無法專心學習，也更難學會研讀的內容。選擇一個你喜歡的夥伴，但不是你會愛上的人。

---

### 克羅伊和艾莉莎的科技小訣竅

　　如果你選了一個很好的讀書夥伴，也很享受一起學習，但是你們的時間無法總是能配合。可以使用 FaceTime、Skype、Google Hangouts 或任何其他線上會議程式和網站。在電腦上一起讀書也總比沒有好！

---

# 和夥伴一起讀書的方法

　　為了取得與同伴共讀最大的效益，請遵守以下指導原則。

　　**做好準備。**每個讀書夥伴都應該有一套重寫過的上課筆記，也該在聚會前先讀過一次。在你事先閱讀筆記和分配好的讀書內容時，注意是否有任何遺漏的地方和不了解的概念，以及你認為特別重要的想法。做好準備你能夠對夥伴給予、指導和釐清這些重點，再去小組共讀。離開時你會感覺更有力量，也懂得更多了。

　　**教學相長。**如果你能教某樣東西，表示你真的懂。如果你們兩人各自來到小組都像要去教書一樣，那麼你們在結束時都會對學習內容有更紮實的理解。

　　**為小組學習設定時限。**你可能還有其他科目要準備，所以，請為共讀設定開始和結束時間。在這段時間裡，要有足夠的休息段落，好讓自己保持清醒，但要牢記你們的

目的，減少過久的閒聊。一般而言，每學習五十分鐘就要休息十分鐘。想取得好成績和有效學習，在一小時內必須用功五十分鐘。

**輪流主導。**一旦你和夥伴已經討論過在學習時段內要達成的目標，也整理好一套筆記和問題，那麼就針對學習內容，用系統化的方式輪流出聲閱讀、複習或詢問彼此。務必留些時間討論不明白的地方，如果發生疑問，試著盡快找到解答；要是無法馬上得到答案，就寫下來問老師，繼續往前。很快地把內容看過一次，決定哪些部分需要加強。在討論主題時，與夥伴輪流交替，確定你們完整讀過兩次。在第一回，由你說明閱讀材料並提出問題；第二回，你聆聽並回答問題。

**設計你自己的考題。**在讀書過程中設計考題，試著猜測考試會考什麼。這是一個人讀書時好用的方法，兩個人則效果更好。你也可以寫下研讀過程中尚未解答的問題，之後再進行「尋寶遊戲」，看誰先找到答案。而且，一起讀書的時候，也是在創造前額葉圖像。也就是第九章談到的，前額葉圖像是很詭異、誇張的心智圖像，能幫助你記憶。你們共同的努力能提升它的品質。

**把令你分心的事物減到最低。**所有其他良好讀書技巧的規則和構想，例如把令你分心的事減到最低，在共讀時也適用。所以，不要在電視機前或是音樂吵雜的房間內讀書。

**重新回顧和複習。**在你讀完閱讀材料、釐清重點、註

記要問老師的問題之後，務必重述重點和複習。每一個人都列一張表（一定要準備兩份）寫下你可以快速複習的重點和資訊。

**不妨建立私人的友誼。**在本章一開始，我提到跟夥伴共讀最大的好處之一，就是建立堅強而持久的友誼。我還記得和一些很棒的人一起讀書的那些時光。我們彼此分享的情誼和同感，讓這些時光成為我最珍貴回憶的一部分。要記住，人是活在關係裡的存在，如果我們能提高學習技巧並同時建立正面、支持性的關係，我們就真的掌握了很強大的工具。

**如果行不通就再往前走。**如果另外一個人的聲音讓你想撞牆，你討厭他們在椅子上如坐針氈的樣子，或者他們做的每一件事情你都看不順眼，那麼你的讀書技巧可能會失效。如果你們的學習時段不如你預期的有收穫，而且你也不認為兩個人可以一起設法改善，那麼就是你該放棄的時候了，找一個新的讀書夥伴吧。

本章重點整理
# 兩個頭腦比一個好 ——————

- 和另一個人一起讀書的原因包括：增進你的理解、釐清資訊、交換筆記主要重點的想法，以及觀察夥伴的讀書方式。

- 平等和適合度是選擇夥伴的兩個主要標準。

- 理想上，一次只和一個人一起讀書，絕對不要超過兩個。

- 一起讀書時，要預先做準備，設定好時間並且遵守；自己出測驗題，做一張回顧清單，先快速地瀏覽閱讀內容，之後再細讀。

- 建立堅強而持久的關係是很重要的一環，也是與夥伴共讀最重要而有益的副產品。

第 11 章
# 老師是學習的源頭
## 如何跟老師互動

　　在我當學生的二十一年裡，有過很多非常優秀的老師。舉例而言，我的病理學教授完全代表了啟發式教學的精髓。他用有組織、精確、幽默風趣的方式教學，使他的講課總是切中要點又實用。

　　這位特別的教授讓學習困難的科目成為一種享受。他也鼓勵師生之間發展更親近的關係。我記得曾和其他三個同學擠到他的車上，去一個在奧克拉荷馬州亨利耶塔（Henryetta, Oklahoma）的葬儀社，舉行我們的第一次解剖。我們與他培養了親近的師生關係，因此學到比「死的事實」更多的東西。我們開始了解一位頂尖病理學家在解決醫學問題時的思考方式，這個概念價值非凡。你可以看任何一本好的教科書就取得事實的資料，但是，要看到如何完成的過程，只有靠第一手觀察才行。與你的教授培養堅實的關係，這是能讓你得到更多價值的基本條件。

　　前面章節提過，你的老師們對你而言可以是很棒的資源。這個主題太重要了，我已經準備好用一整章的篇幅告

訴你,如何善用師生關係。本章將分為三個部分:

- Part 1:在開始上課之前,就確認你可以從講師身上獲益的地方。
- Part 2:在課程進行期間,討論如何讓師生關係更有生產力。
- Part 3:在課程結束後,思考你可能想與講師保持互動的方式。

## Part 1:在上課前認識老師

在上課前就和老師接觸,能帶來以下好處:

1. 幫助你與老師建立關係,從而使你在班上不只是一張沒有名字的臉。這也是與老師建立關係的第一步。由於你已經跟老師接觸過一次,因此開課後再接近老師時,你會感覺比較自在。如果你害怕接近老師,要記得他們的工作就是幫助你成為最好的醫生、律師、溝通專家、企業家、生化工程師、電腦科學家、兒童心理學家、創意作家,或是任何你想在人生中完成的事。認識老師是與他們建立有價值關係的第一步。

2. 你可能對這堂課有許多問題,例如:**這堂課的內容是什麼?我有沒有足夠的修課條件?老師認為修這堂課需要花多少讀書時間?**除了課本之外,還需要

哪些其他有用的資源？在上課前先找到這些問題的
答案，很有幫助，也讓你能為上課做更好的準備。

3. 剛開始上課時，是請老師建議如何學習科目最好的
時機。老師們都是學科的專家，應該能指引你如
何有效地吸收教材。畢竟，在韋伯字典（Merriam-
Webster's Collegiate Dictionary）中對「教學」這個
詞提出最好的定義之一，是「引導學習」（to guide
the studies of.）。所以，讓老師做他們的工作，告
訴你如何學習他們的專業吧。

4. 對大學生而已言，在上課前接觸老師的好處也包括
提早退選——如果你發現自己並沒有做足準備，
或者這門課不符合你的期待，或是其他的理由。這
可能聽起來像是負面的建議，但是，提早退選會比
上課進入第三週之後再退選聰明得多。太晚退選的
話，你可能來不及換另外一門課，就算換過去了，
你的起步也比其他人晚了好幾個星期。愈早決定你
選的課是否如你所願、也是你能應付的，對你愈好。

## 清楚老師的大腦類型

除了知道自己的大腦類型之外，能了解你生命中重要人士的大腦類型，也是個不錯的主意——你的老師也包括在內。了解他們的大腦類型，能讓你知道該用什麼方法請他們幫助你。根據我們在亞曼臨床中心的大腦造影工作，我們已辨認出五種主要的大腦類型：

- **第一類：平衡型**——具有平衡型大腦的老師，通常較有彈性且容易接近。

- **第二類：自發型**——自發型大腦類型的老師，可能比較喜歡富有樂趣的事物，也欣賞創意。在他們的課堂上請盡量表現自己，在寫作業時嘗試「框架外」的思考，以吸引這類型老師的注意。

- **第三類：堅持型**——具有這類型大腦的老師，通常是「聽我的，不然就滾」的那種人。別想跟他們爭辯，一定要遵守他們的規定，才能在課堂上有好的表現。

- **第四類：敏感型**——具有敏感性大腦的老師，通常會看事情的負面。針對某個主題，用正面的想法使他們開心，可能會有幫助。

- **第五類：謹慎型**——具有這類型大腦的老師，可能比較容易擔憂。為了取得更好的成績和與之互動，請不要加深他們的憂慮。

# Part 2：在課程期間掌握師生關係

在修課期間發展有建設性的師生關係，包括五個主要部分：接近、發問、筆記、測驗，以及提升關係的方法。

1. **學習如何接近老師**。請記得，你有權利期待老師給予你某些東西。期待上課有條理、有趣並且具有實用價值，是很合理的。認為老師的工作包括幫助你掌握學習該科目的技巧，也很公平。期待在課堂和實驗室裡被公平地對待、被尊重、被打分數，這也是合理的。

在接近老師時，態度要謙虛，並且接受建議。表現得傲慢或自以為是，會造成反效果。大部分老師會從事教學，都是因為他們覺得自己擁有某些可以提供給學生的價值。當你接近他們只是為了讓他們支持你先入為主或既有的想法，或是給你好成績，那麼不可避免地，你們之間會出現問題。然而，要是你的態度是尊重老師，也對學習懷抱熱忱，你就可以從有建設性的關係中獲益良多。

如果你對某個老師有誤會或有疑問，就跟同學一起去找他討論問題的癥結。在醫學院的第一天，我就被解剖學教授隨機指派擔任「學生申訴委員會」的主席。他覺得學生需要一個集體的聲音，來處理任何班上的問題。結果，那個申訴委員會產生了三個功用：

- 它的價值在於提供老師關於課堂的正面和負面（但具建設性）的回饋，包括學生是否了解上課的材料。

- 在考試後，申訴委員會能對某些問題和答案的正確性提出質疑。這非常具有建設性，因為委員會能夠修改答案或刪除問題，因此好幾次提高測驗的平均表現達十分。

- 我們與幾位不同課程的導師坐下來討論班級成績的績效，委員會擔任了師生之間的橋梁，成效極佳。

　　如果你有疑問，在把老師當成你的傳聲筒之前，先付出一些努力理解概念。在我的委員會裡，如果我們發現問題，會試著先研究答案，如果還是不懂，才會向前提問。相反地，如果你期待不做任何研究，僅依賴老師一步步帶你釐清概念，你可能會變成不受歡迎的人。

　　2. **發問和對話構成學習過程的核心。**師生間的互動包括發問與對話，這對學習而言是極為關鍵的，更是學生要接近老師的主要原因之一。針對理解不足的內容進行研究，也是整個課程中能產生有意義的對話之關鍵所在。

　　在修課過程中，第一個要問的問題是：「為什麼我要修這門課，以及它如何提升我的學習目標？」老師在這個科目可能已有多年經驗，知道如何解答你的問題。開始上課前先找老師討論，是學習發問的好機會。此外，如果你需要在某堂課取得某些成績，你也可以請教老師如何達成。你擁有的資訊愈多，達成目標的機率也就愈高。

　　你愈常帶著深思熟慮和研究之後的問題去找老師，他們就能幫助你吸收課程內容。多多利用上課前後的時間，

以及老師的辦公室時間。說自己從來沒有去找過老師的學生，通常是不夠努力。記得，老師是幫助你學習該科目最好的資源，所以，帶著你的問題去找他們吧。

如果你有學生疑難申訴委員會的後盾，那就太好了；如果沒有，你還是必須去找老師，提出問題，或是給予回饋。無論如何，若你考完試後對題目或答案有疑義，可以（在做過研究後）去挑戰老師公布的正確答案。

### 克羅伊和艾莉莎的科技小訣竅

一定要拿到老師的 email，你才能寫信向他們請教你的問題或疑慮。但請不要過度使用！等你把所有問題都整理好，寫成一封 email，而不是將他們的信箱塞滿你的一個又一個問題。

3. **如同之前建議的，在上課前試著取得老師的上課筆記。** 這會給你關於上課重點的寶貴資訊，而且幫助你在聽課時做自己的筆記。還有，擁有完整的筆記也能給你安全感，幫助引導你組織你的筆記。不要忽略這份寶貴資源，就算老師不讓你複印他的筆記，在互動過程中你向老師展現的，想在這門課爭取好表現的興趣和渴望，還是對你有好處。

4. **在考試前盡可能取得更多資訊，是很聰明的。** 關於考試，大部分老師會很樂意告訴你，他們期待學生在考試時有何表現，也會給予很多有用的線索。所以，請試著向

老師取得更多關於考試內容的資訊。

　　5. **記得老師也是人。**學期中另一個值得爭取的目標，是提升你與教職員的關係。我們都是關係的動物，需要在人的層面上互動。花時間了解你的老師，包括他們的背景、專業上和個人的目標。我們向課程內容學習，也向老師學習。如果老師的專業是你將來可能踏入的領域，更是如此。你可以從老師學習到的太多了！深厚的師生情誼，是在你忘記他們教你的大部分內容之後，還會被回憶與珍惜的。

　　另外，這份關係在未來對你仍然很有價值。這當然不是跟老師建立長久關係最重要的原因，但是，當你日後在升學或工作上需要推薦函，請認識你的老師來寫會對你非常有幫助。

## Part 3：你的努力不該在課程結束後就停止

　　當課程接近尾聲或已經結束時，你有三個重大的責任：

　　1. **你必須負責為後來的學生誠實地評估這堂課。**這麼做能對老師的表現給予寶貴的回饋意見。在我的經驗裡，老師們真的都很想知道學生對於改進課程的建議。通常學生的評語都太溫和，不想傷害老師，或者不想危及自己的成績或推薦信。將一門課評價得比實際狀況好，並沒有好處，甚至有害。如果你的誠實會影響你的成績或推薦信，可以等成績出來再送出評語。這是你幫老師打分數的方式。

知道這是什麼感覺了吧！

2. **你有責任為自己的未來取得推薦函。**最好在你上完一門課時就請老師寫。老師知道你和你的表現，因此能幫你寫一份較具個人觀點的推薦函。取得推薦函的第一步是，請教老師是否願意幫你寫一封正向、肯定的推薦函。如果老師猶豫不決，就算了——你不會想要一份不置可否的推薦函。老師若同意，就請老師提供一份副本給你，讓你看過內容後再決定是否要用這封信。如果你採用這個方法，你的推薦函會更有意義，比起兩年沒跟老師聯絡之後再請他們寫信更好。以及，如果你是為了申請大學或研究所而需要老師的推薦信，一定要在申請截止日期前盡早告訴他們。給老師足夠的時間寫信，通常會有更好的推薦效果。

3. **你有責任在這門課取得能力範圍之內最好的成績。**有些人說你不應該煩惱成績，或者成績並不能衡量你學到的知識。但是，大學和研究所可是相當注重你的成績，他們會用成績來把你與其他申請者做比較。如果你的成績介於 A 和 B 或 B 和 C 邊緣，就多努力一些吧。

我使用過兩個成功的技巧，讓我在邊緣狀態取得更好的成績：

- 請老師給更高的成績，因為你的主修或職業目標競爭激烈。如果可能，也符合公平，大部分老師都想看到學生成功，所以如果他們能在不違背良知的前提下給你更高的成績，他們會願意。

- 試著溫和地指出，給予某人平均八九‧九％的成績
  B，而給某人平均九〇‧一％的成績 A，是不公平
  的（因為兩人的成績非常接近）。在我的經驗裡，
  去向老師反應是行得通的，但根據我讀過的史努比
  漫畫表示，很顯然，這樣做不總是有效。在漫畫裡，
  佩蒂拿到了 D- 的成績，她大聲驚訝地向老師抗議，
  為何 D 這個字母本身是很棒、很重要、又有尊嚴的
  字母，「但是當 D 的後面有一個減號，」她爭論道：
  「這樣就完全失去它的尊貴，看起來很枯乾，完全
  失去力量和強度。」她的老師不願意更改她的成績，
  但是她對佩蒂承諾說，如果她這輩子需要跟人打官
  司，她會請佩蒂當她的辯護律師。

　　如果你從來沒試過提高自己的成績，或是有所疑慮，
那麼老師會認為成績對你來說不重要，也就不會在意給你
較低的成績。然而，如果你讓老師知道你的渴望，他們至
少會考慮你的要求。從第一天上課開始，你就有責任向老
師建立你是哪一種學生、有什麼目標的印象。最重要的是，
你要貫徹到底！這麼做對你的平均總成績有很大的影響，
如果你從未試過說服一個警察不要開超速罰單，那麼你永
遠只能接受他們給你的處置。然而，如果你試著說服他們
不要罰你，可能你有二〇％成功的機率。

　　我在本章開頭寫到一位傑出的病理學教授；在結尾時
我要告訴你我的另外一個教授。這位老師和第一位很像，

他講課很有組織、很實用又風趣，他也鼓勵學生跟他建立親近的關係。對我們很多人來說，他都是模範和人生導師。他可以很自在地和我們分享他的缺點、他在事業上曾經犯錯而學到的經驗。他希望幫助我們避免因為犯錯而遭受痛苦，也教導我們人生除了學業還有更多的事——要過得健康又滿足，必須滋養人生中其他有價值的領域，例如家庭和社會關係、身體健康、智識和文化上的成長。他把自己當作禮物，用自己的知識和人生教導我們，這樣的情誼太珍貴了！

本章重點整理
# 老師是學習的源頭 ————————

- 跟老師們建立好關係，有很多好處。

- 在開始上課前就找老師，跟他們聯繫，得到問題的解答，知道課程的要求，如果發現不適合就早點退選。

- 學生對老師的態度應該包括：期待上課品質、尋求協助，以及被尊重。學生應該用謙虛受教的態度接近老師，當發生問題時，自己先做初步研究之後，再跟同學去找老師請教。

- 在上課期間，老師能回答你的問題，引導你學習和做筆記，並提供未來考試的必要資訊。

- 課程將結束時，你的責任包括：誠實地評量課程、取得推薦函；當你覺得你應該獲得更高的成績，就去找老師討論。

第 12 章

# 施加壓力
## 準備考試和測驗技巧

　　長久以來，已知壓力會對人們產生奇怪的作用，特別是學生。考試壓力是對學生的壓力管理能力最重大的測試之一。學生向來在緊張的時刻會全力以赴，例如為了準備考試，三個晚上不睡覺，硬吞六十頁他們從來沒看過的數學定理和公式，吃咖啡粉以維持眼皮睜開的時間夠長、足夠記憶鯰魚的骨頭數量，或是服用「健腦丸」之類的保健食品試圖提升他們的認知能力。

　　對大部分學生來說，考試前總是非常焦慮，充滿不可避免的壓力。應付的祕訣是，讓過多的腎上腺素和壓力發揮對你有利的效用，而不是把你逼瘋。你可以讓過多的精力刺激你為眼前的任務做準備，或是讓它餵飽你的幻想，認為上帝反正會派天使來告訴你考試的答案。

　　本章是關於在考試的負擔下管理壓力的技巧。我曾經被說過很多次，我之所以在考試得到高分是因為我的考試技巧，而不是我的知識。這批評帶有貶意，不過我把它們當作稱讚。如果一個得到 B 的學生在考試裡有 A 級表現，

那麼這個學生會看到更多向他打開的門，未來的目標也有更多選擇。

很不巧，相反的情況通常也為真。把書念得很熟的學生通常在考試時得到較低的分數，是因為考試技巧比較差，而不是因為缺乏知識。對教材很熟悉只是當一個很會考試的人的部分條件，在準備考試、做測驗、減輕對考試的焦慮，以及複查成績等方面都有技巧可循。

## 準備考試的建議時程表

請先了解一件很重要的事：準備考試所花的時間，和成績不一定相關。你的讀書方法和作答技巧會決定考試的結果。關於如何準備考試，分成以下四個部分：

- 考前幾週。
- 考試前幾天。
- 考試前一天。
- 考試當天。

### 考前幾週

1. **建立一張學習計畫表，並且遵守到底。** 一門新課程開始時，你要做的第一件事就是建立學習時間表，以便有充裕的時間學習該科目。一開始上課，就要為第一個考試做準備。我安排的學習時間表，會讓

我在考試前三天就已經完全準備好了。這樣一來，我可以在考前有機會跟夥伴一起讀書，獲得他們的想法，向老師請教最後一秒還存在的問題，而且維持我的整體讀書進度。這個方法也讓我不會忽略生活中的其他事情。雖然我不會每一次都達成目標，但是我會朝著目標去做。這個方法也能讓你不必在考試前熬夜抱佛腳。

2. **按照有組織和簡要的單位研讀。** 這個技巧將幫助你更容易複習，因為你知道已經讀過哪些資料，還剩下哪些要讀。定期進行總複習，每週花時間簡要地複習你針對新內容讀過的所有材料，你會發現在考前複習的速度加快了，因為你還記憶猶新，而且你會吸收得更多。

---

### 克羅伊和艾莉莎的科技小訣竅

把你的讀書時間表輸入手機的行事曆，設定提醒和提示，以幫助你執行計畫。

---

3. **確定你有一套完整的上課筆記。** 對大部分課程而言，測驗題目中大約有七五％是直接取自講課內容。每次上完課就盡快重寫你的筆記，讓它精簡但完整，而且要多閱讀筆記。你的筆記通常是準備考試最棒的指南。

4. **將你在讀書時製作的測驗題目放在獨立的頁面。**如同第八章提過的,設計自己的考題能激勵你主動學習並幫助你確認重要的概念和事實。把這些資料記錄下來,對你的複習會非常有幫助。

5. **建立一張「大方向」事實表單。**在你的事實表單上,只列出最主要的概念和支持的事實資料,以及你覺得有助於快速複習的任何公式或關鍵字。我之前習慣在一開始讀書時就寫這張表單,它的總長度永遠不會超過三到四頁,用來進行一、兩個小時的複習非常有用,也非常適合在考前讀書時使用。

6. **至少在考前一週,請問你的老師以下四個「什麼」:**
   - 這次考試會包含什麼特定的主題?
   - 這次考試會注重什麼內容?
   - 考試會使用什麼題型?(此問題常給你準備考試的重要資訊)
   - 老師給你什麼線索來準備這次考試?

   很多老師願意指導學生如何複習考試。如果你把整個學期教過的所有資料全部囫圇吞棗,不但不切實際,甚至到考試當天什麼也沒記住。比較明智的做法,是盡量問老師關於考試的資訊,他們才是考試的源頭。

## 考前幾天

對很多學生來說,這幾天像處在壓力鍋裡,十分緊繃。

然而，只要按照以下簡單原則，就能將這壓力鍋裡的蒸氣轉換成助力，幫助你的大腦更有效運作。

1. **有效率地跟夥伴一起讀書。**你已經知道，這個方法能讓你更有動力和毅力複習，並帶給你對於考試的不同觀點。此時還可以用來釐清仍有疑惑的內容，也有機會利用另一個人當作傳聲板，來測量你對知識的理解。

2. **考試前依然要去上課。**很多學生認為，考前應該翹課以爭取多一點時間念書。然而，考試前的最後幾堂課通常會提出跟考試相關的重要資訊。這段上課時間如果有新的資料，由於接近考試日期了，你會更容易記住。記得，準備考試最棒的資源，就是你的上課筆記。

3. **在讀書時保持良好的態度和自信的心態。**這會減輕壓力，讓大腦在更理想的狀態運作。

4. **持續修改並更新你的「大方向」事實表單。**在複習時，如果你被細節難倒了，就去看你正在研讀的「大方向」。如果你最主要的概念有紮實基礎，你就能列出事實。如果你試圖將事實塞進脆弱的基礎，就一定會發現你的知識有缺損或裂縫。

5. **駕馭填鴨的怪獸，讓它為你效力！**很多教育者會告訴你，臨時抱佛腳是很差的讀書習慣。我不同意。填鴨式的學習有時是很有價值的，如果使用的方法

正確，可以戲劇性地提升你的測驗成績。但請留意，填鴨式方法只能用在複習，而非第一次接觸書本時。如果你狼吞虎嚥的是從來沒有看過的資料，你會發現自己麻煩大了。然而，密集地研讀已經部分吸收過的材料，會增加你的短期記憶，因此有助於考試。很多學生都表示，考試時記得資料的主要原因，是因為考前閱讀過。所以，把你知道的都裝進大腦。要是碰巧遇到需要額外複習的科目，就徹底讀完，也許做一些筆記，再繼續往前！

6. 不管什麼原因，當你發現自己在考前填鴨式地硬吞生冷材料，**以下提示可以幫助你度過這場不可避免的風暴：**

   - 一定要讀過上課的筆記。
   - 閱讀各章前言、主題句、圖表、斜體字和最重要的各章內容摘要。
   - 如果老師允許，取得一份考古題，了解過往考試中強調的重點（就算你已經知道內容，這仍是個好主意）。
   - 找一本僅說明考試內容的複習本，從這裡開始複習。

## 考前一天

利用考前一天將考試內容快速地複習一遍，側重你的

筆記和「大方向」事實表單。複習這些材料至少兩次——第一次是發現還有哪些地方需要加強，第二次是讓自己讀最後一次再去考試。

你的讀書習慣，並非在考試當天影響結果的唯一因素。你的生活方式也可以影響你的表現。在考前數天和數週攝取營養的飲食（第十五章會再多談到這點），前一天晚上務必睡眠充足，隔天早上你不僅會感覺精神飽滿，在你睡覺時你的記憶也在大腦裡被增強了。

## 考試當天

考前吃點東西是不錯的主意，但不要暴飲暴食，以免變得昏沉——因為你的血液都從腦部流到胃裡了。一小份蛋白質和健康的油脂，比如酪梨，就是非常好的選擇。蛋白質和脂肪比醣類需要更多時間燃燒，能快速提升你的能量，但是很快就消耗完畢。如果考試時間很長，必要的話，隨身帶一條蛋白質補充品或一些堅果進教室，來提升你的能量。

在考試開始前幾分鐘到達，多帶一些紙張和書寫用具——你不會想一開始就焦慮到無法專心。如果你太早到，就要打發比較多的時間，導致不安感增加。如果你遲到了，就會錯過作答程序指示，讓自己一開始就陷入不利的狀況，造成你的焦慮衝破屋頂！

考前避免和一群學生群聚。有些「緊張大師」會不可

避免地提起某些很偏門的、你沒有讀到的細節，增加你的焦慮，就算那筆資訊很可能不會出現在試題上。

當你進到教室裡，找一個盡可能遠離干擾的位置。通常這個意思是不要坐在前排、門或窗戶旁邊，或發出噪音的某個應試者附近。記得我的第一次解剖學考試，我以為坐在我最好的朋友旁邊很不錯，可以互相給予情緒上的支持，但是，令我震驚和困擾的是，他根本是最吵的應試者！他的筆在測驗紙上發出噪音，他的呼吸聲彷彿是在用氧氣滋養他的大腦，像一個技工用煤炭填滿火車一樣。我們在醫學院一直保持最好朋友的關係，但部分原因是，考試的時候我可以選擇不要坐在他旁邊。

開始考試前，還有一件最重要的事，就是記得相信自己。相信你知道答案，也相信對於你不記得的問題的判斷。一旦你坐在位子上，就已經沒有最後一秒 K 書的機會了——你所擁有、能依靠的就是你的大腦。深呼吸一口氣，相信你可以做完測驗。

### ▌準備考試的六不

- **不要減少睡眠。**如果你在大考前沒有足夠的睡眠，你很有可能忘記前一天晚上讀到的內容。
- **不要依賴健腦丸。**服用所謂的健腦丸來提升能量、敏銳度和記憶，可能導致長期的腦部問題。研究者表示，這些藥物可能造成在多工、做計畫和組織上

的障礙。

- **不要服用你弟弟的注意力不足過動症藥品。**根據一項二○一八年的研究，注意力不足過動症藥物可能無法增進健康學生的認知功能，實際上還可能對此功能造成損害[17]。

- **別喝太多紅牛、咖啡、汽水或其他高咖啡因含量的飲料。**咖啡因在一開始會提振你的精力，讓你感覺警醒，但當它消退後，可能使你感覺疲軟，造成腦霧。

- **不要大吃垃圾食物。**在考試前吃甜甜圈、糖果或其他垃圾食物可能導致腦霧。

- **不要忘記補充水分。**就算輕微脫水也可能降低你的專注力、減少敏銳度，並且讓你頭痛。

# 進行考試

恭喜你！你已經堅持到考試當天。現在是把它搞定的時候了。這裡有幾個一般考試的技巧，以及回答申論題和客觀問題的一些建議。

## 一般考試的技巧

首先，瀏覽整個考試題目，清楚各種題型和數量。接著，決定每一題大約要費時多久，適當地分配你的時間。

再來，閱讀作答指示！這點太重要了，我再怎麼強調也不為過。作答指示可能會告訴你，你只需要回答測驗題目裡的百分之多少題，或者請你只選擇兩個申論題的其中一題作答。

知道答案的題目，就先作答。這能確保萬一時間不夠時，能夠拿到你已知答案的分數。若遇到不確定的題目，先做個記號，回頭再作答。要記得，考卷中後來出現的某一題，或許能提供你寶貴線索去回答前面那一題。

採用你認為老師希望的方式作答。

照字面理解題目。有時候你讀了一題，馬上就知道答案，但你卻開始懷疑自己的直覺，對答案產生不確定感。這個循環會持續反覆，直到老師叫你放下鉛筆。別想那麼多，信任你的直覺就是。

大部分老師出題都很直接，不會刻意用隱藏的答案或刁鑽的問題來愚弄你。如果你對測驗的某些部分有疑問，在考試中請問老師。他們有可能拒絕回答，但通常都會對你疑惑的部分提出說明。

最後，抗拒盡快寫完的念頭。「先寫完考卷」和「考最高分」這兩種學生之間，沒有必然的關聯。努力作答，直到你覺得自己已經盡最大努力答完所有問題。有時間的話，再看一次作答指示，確定你正確地完成了考試。

## ▼ 寫申論題和回答簡短問題的技巧

申論題通常是最難作答的，因為老師沒有提供選項。但是，若你作答時將下列六個原則謹記在心，你會發現申論題並沒有那麼麻煩：

1. 慢慢地閱讀問題，一邊在關鍵字和詞語旁畫線。這樣會幫助你釐清考題問的是什麼，以及老師想要哪一種類型的回答。注意作答的長度限制。

2. 將答案組織完整再開始寫；使用問題中提到的詞語和順序。把你需要提出的各個重點先擬大綱，再合併前言和總結敘述。這會讓你的回答讀起來不像一張資訊表單。

3. 從一般陳述開始，加上支持的事實和範例。老師會喜歡這樣的作答呈現，因為他們不必耗費時間跋涉過一堆沒有組織的申論題沼澤。

4. 當你確定答案時，只要寫下被問到的部分即可，並請用字簡潔。如果你對答案猶豫不決，就把所有你認為跟題目相關的主題盡可能寫出來。希望老師會從你的答案中發現有價值的部分，給你一些分數。一定要寫！如果什麼都沒寫，就不會有任何分數；但若你有「思考過的猜測」，或許還可以撿到一、兩分。

5. 注意時間限制。寫申論題時很容易忘記時間，記得

戴手錶或放在桌上，或是定期查看一下時鐘，提醒自己規劃好作答時間。（請注意，大部分老師不會讓你在考試時把手機帶進考場，就算你說只是要看時間。）

6. 如果時間足夠，把你寫出來的答案重看一次，確定你已充分回答了問題，並檢查文法和錯別字。

### ▍回答客觀問題的技巧

如果可以選擇，我希望隨時都可以考客觀性測驗。這類測驗的答案通常包含在問題裡，只需要將既有資訊和大腦的頂葉已儲存的資訊配對即可。以下提供一些能幫助你回答多重選擇題、配對題和正誤問題的策略。

1. 慢慢閱讀問題，然後快速作答。如果你有懷疑，就選擇第一印象的答案。這會讓你的潛意識心靈有機會回答問題。

2. 小心普世性的說法。這些說法幾乎總是錯的，因為在學術領域很少有普世性的真理。這些說法包括的字眼像是：永遠、絕不、沒有、從無、所有、每一個、大部分。

3. 在考試中使用符號追蹤你的思想。我用 T（正確）、PT（部分正確）、F（錯誤）、PF（部分錯誤）說明我對一個陳述的印象。這幫助我將不同的選項分開，降低再回去確認的需求。這個方法對於包含「以

上所有」或「以上皆非」選項的問題也很有用。當你不確定一個答案時，只考慮你標註 T 或 PT 的選項，能提高你選擇正確答案的機率。

4. 當你對答案不確定時，試試這些策略：

- 最概括性的回答通常是正確的。
- 最長的選項也通常正確。
- 答案中重複問題的敘述，通常顯示這個答案是正確的。
- 如果有兩個對立的選項，選擇其中之一。
- 選擇正確而非錯誤，因為負面的選項比較難寫。
- 如果答案是數字，正確的選項通常是中間值，所以刪除最高和最低的選項。
- 亂猜答案時，從頭到尾用一樣的答案，通常是 B 或 C。

  記住，這些只是技巧，不是絕對的規則。

  你的知識才是你最佳的引導。

5. 回答對錯和多重選擇題時，避免尋找作答模式，因為解答通常不會是平均分布的。

6. 回答配對題時，使用消去法。先回答你已經知道的，然後從減少的選項中選擇剩下的答案。

7. 回答問題詩，先想出你的答案再看選項。這樣能消除你先入為主的觀念。另外，把困難的問題留到最後，除非這些題目的分數比重特別高。

8. 如果你使用這些策略，你會發現考試成績有明顯的提升。請記得，學習是有技巧的，而在考試時傳達你的所知也有技巧。

## 克服考試焦慮

減輕考試焦慮最好的方法，就是做好準備。對大多數人而言，考試前和考試中的緊張程度，與所花的時間和運用時間的效率成反比——時間和效率愈高，焦慮就愈少。

我治療過好幾個有嚴重焦慮的病人，他們的表現遠低於其能力等級——因為他們太焦慮了。我和加州大學的唐諾・夏菲爾（Donald Schafer）醫學博士學習過一種簡單的催眠技巧，能夠緩解考前焦慮。這個技巧對我的病人非常有效，你也可以試試。步驟如下：

- 首先，閉上眼睛，專注於你的呼吸幾分鐘。讓它變得更慢、更深、更規律。
- 然後，想像你自己很舒服而放鬆地在你通常讀書的地方。
- 接著，拿起一支筆或鉛筆（在考試時候會用的）向自己暗示，開始考試時的你，會感覺像在自己家中書房的椅子上（或其他你讀書的地方）那麼自在。
- 重複這個暗示數次，讓它在你考試時發揮作用。

如果此方法在考試時對你無效，試著閉上眼睛，深呼

吸三次。花一分鐘想像一個輕鬆的場景，像是躺在沙灘上，或冬天裡坐在溫暖的火爐旁。這個方法應該會讓你感到放鬆。如果焦慮造成你的腦子一片空白，就花一分鐘練習放鬆技巧，通常就能移除障礙了。

## 三個以大腦為基礎的
## 考前平靜神經、增進認知功能的技巧

**呼吸**：當你因為大考而覺得緊張或焦慮，試試這個簡單的呼吸練習。深呼吸能讓你放鬆，也會增加大腦的氧氣，減低腦霧並提升專注力──這對你的考試很有幫助。

1. 深呼吸一次。
2. 屏住呼吸一到兩秒。
3. 緩慢呼氣五秒鐘。
4. 重複十次以感覺更加放鬆。

**練習靜坐或禱告**：靜坐和禱告──就算一天只有五分鐘──已知有很多好處，可以幫助你考試順利，包括：

- 舒緩壓力。
- 提高專注力。
- 振奮情緒。
- 增強記憶力。
- 提升前額葉皮質整體功能[18]。

- 改善執行功能 [19]。
- 減少焦慮、沮喪和易怒感。

**終極大腦基礎療法**：掌控感官。你的大腦受到周圍環境影響。在考前，控制你的感官輸入，以進入更好的頭腦空間。

- **視覺**：花幾分鐘瀏覽大自然圖片 [20] 或分形圖案（大自然中無止盡的、重複的圖案 [21]），已知能減輕壓力。
- **聲音**：音樂能讓你平靜，幫助你專心，並且提升你的心情。建立一份對自己有效的播放清單，在前往考試的途中聽這些音樂。
- **觸摸**：向朋友要一個擁抱。這個簡單的動作會刺激你的大腦釋放感受良好的神經傳導物質「催產素」，降低壓力荷爾蒙「可體松」和「去甲基腎上腺素」。
- **味道**：已知有多種香味能幫助鎮定神經，例如薰衣草精油（針對焦慮 [22] 和情緒 [23]）、玫瑰精油 [24、25]，以及洋甘菊 [26]。
- **味覺**：食用以肉桂、薄荷、鼠尾草、藏紅花或肉荳蔻調味的食物，能改善情緒 [27]。

# 考試過後

在老師公布考試成績並發還考卷後，你有三個責任：

1. 瀏覽一次考題並註記你答錯的題目，以及為什麼寫錯。未能正確作答可能使你感到挫敗，但訂正錯誤、了解寫錯的原因，對學習是很有用的。美國脫口秀主持人歐普拉·溫芙蕾（Oprah Winfrey）曾說：「失敗是偉大的老師。如果你能敞開心胸面對它，那麼每個錯誤都是可以學習的功課。」

2. 如果你有被改錯但你不同意答案的題目，就去請教老師。請先做準備，因為老師只有在學生能有說服力地為自己選的另一個答案辯護時，才有可能更改答案。

3. 如果你發現有些問題寫得模稜兩可，不妨向老師提出。大多數老師都喜歡學生的回饋，也不會自詡無所不能。這樣做會幫助未來的學生不必面對同樣差勁的考試題目。

## 本章重點整理
# 施加壓力 ————————————

- 考試前幾週：建立一個閱讀時間表，分段學習，定期總複習，取得完整的筆記和一張「大方向」事實表單，並且一定要詢問老師考試的內容。

- 考前幾天：跟夥伴一起讀書，去上課，採取填鴨式複習而不是像第一次讀這些內容。當你需要短時間內大量記憶生硬的資訊時，熟讀你的筆記和各章摘要，收集考古題。

- 考前一天：做一次總體、快速的複習，重點放在你的筆記、「大方向」和事實表單。

- 考試當天：適量進食，提前幾分鐘到試場，避開群聚的學生，找一個不會分心的座位。

- 作答的一般通則：快速瀏覽試題，閱讀作答指示，先回答你知道的題目，用你認為老師期待的方式回答，照字面理解考題，克制想趕快寫完的衝動。

- 回答申論題時：慢慢地閱讀題目，組織你的答案；知道答案時精簡作答，不知道時寫長一點；一定要寫答案，最後若時間足夠，將答案檢查一遍。

- 回答客觀問題時：慢慢閱讀題目，快速作答，尋找普遍性的陳述，使用註記法，不知道答案時隨

機猜答案，有好理由時可以更改答案，否則就憑第一印象作答。

- 做好準備並使用放鬆技巧，可以減輕考試焦慮。
- 考試成績出來後：檢討答案，了解自己為什麼答錯，不同意答案時與老師討論，追求知識上的立場，將你對考試的觀感回饋給老師。

第 13 章

# 展現自己
## 寫作和演說能力

　　大學第一年的春天，我被要求寫十二份報告，其中三份是期末報告。光是倫理課就有六份報告，每兩週要交一份。那堂課令我感到挫折，因為老師把報告發還時，上面只有分數，沒有任何評語。到了第四份報告，依然只有右上角的成績時，我開始懷疑他是不是沒看過報告的內容。所以，在交第五份報告時，我在第四頁底下的段落中間插了一句話：「如果你有讀到這裡，我會請你喝一杯奶昔。」報告發回時，我發現老師在邊緣空白處寫著：「要巧克力的。」那是他對我的報告唯一的評語！

　　寫作這項技術不只在你讀國中、高中和大學時有用，在你人生任何階段都是絕佳利器。好的寫作能力會為你打開許多專業領域的門；同樣地，良好的公眾演說能力，也是許多僱主喜歡的才能。我將這兩項技能同時放在本章，是因為寫作一篇作文和一篇演講稿有很多共同之處。在本章結尾，你會看到提升演說技能的方式。關於寫作和演講，坊間已有很多相關的好書和資源，因此本章僅簡要地介紹

八個很有用的步驟。

## 1. 規劃時間

「在期限內完成」是很重要的，特別是在寫報告或演講稿時。學生遲交的報告，可能會被扣分或根本不被老師接受；無法及時完成演講稿以便事前練習，你在演講時就會覺得非常緊張。若你能按照以下七個步驟規劃一個合理的時間表，就能在到期前省下許多失眠的時間。

## 2. 選擇喜歡的題目

在選擇一篇報告或演講的題目時，請選你熱愛的或有興趣的。這會讓整個過程變成享受，同時提高你付出必要努力、準時完成工作的可能性。你的熱情也會讓觀眾和讀者更享受你的成果，因為熱情是藏不住的。如果你覺得主題很無趣，其他人也會這麼覺得。即使是老師分配的題目，你也可以設法把你的個性融入其中，讓它產生獨特性。寫作的時候，讓你的心也一起參與吧。

盡量不要碰抽象的主題。一般說來，人們會想讀到或聽到能影響他們日常生活的東西，例如「如何用更少的讀書時間取得更好的成績」。

不要找一個之前沒有人寫過或演講過的題目，給自己額外的壓力。如同所羅門王（King Solomon）在《傳道書》（*Ecclesiastes*）裡所寫的：「已有的事後必再有，已行的事

後必再行，日光之下並無新事。」（《傳道書》第一章第九節）這仍然是一個可以遵循的好原則。選擇對你的觀眾而言新穎的題目，或在熟悉的主題加入新的亮點，讓它更有趣（但要合理）。

## 3. 縮小範圍

選定題目後，要確定它的範圍是在規定的字數或分鐘數內可以掌握的。如果題目太廣，例如「宇宙的定義」、「物質的本質」或「人類思想的發展及其對二十一世紀的重要性」……你的整個報告或演講就會全用在討論一般知識，而沒有空間說明特定或實際的內容。如果你不確定你的題目是否太廣泛，可以請老師指導。寫作和演說的目標不是將之變成一篇只觸及題目表面的冗長論文，而是一個有組織且架構緊密的概念、論點或訊息。

## 4. 做足夠的研究

針對你的報告和演說做些研究，是很有幫助的。第一件要做的事，就是把注意力集中在你擬定的題目。你想傳達的整體訊息是什麼？一旦你被想要表達的概念困住了，就去讀書或上網尋找能支持你觀點的研究。要確認你使用的是最有聲譽的資料來源，例如該領域專家的著作、期刊報告和研究、TED 演講、報紙和雜誌文章。

當你對一個主題進行研究時，要做大量的筆記。撰寫

報告或演講稿時，你手上的資料愈多，就愈容易下筆。另外，你可以把參考資料來源整理成一份書目清單，當你需要再參考，或是當老師問你某個事實的來源時，可以節省不少時間。

---

### 克羅伊和艾莉莎的科技小訣竅

維基百科和社群媒體上分享的文章，不一定是可靠的來源。永遠要用獨立的資料來源以確認資訊的正確性。

---

## 5. 撰寫大綱

在你研究題目並做了足夠的筆記之後，為你的報告和講稿製作一個大綱。一開始，先將你的主題句置於頁首。在下面列出支持該主題句的主要論點（盡量控制在三到五項），用阿拉伯數字標示出來。接著，針對每個主要論點加入支持的概念，擴充大綱。從主要概念開始，你就能輕易地看到從其中演繹出來的「大方向」。然後，加上細節。

只要你在大綱上付出相當的心思和努力，就不會遇到文章寫到後來不是你所想而必須重寫的窘境。另外，如果你在大綱中用自己的話重述訊息，而不是直接從書上和網路上逐字複製，會讓寫作更輕鬆。因為這麼一來，你就可以把資訊從大綱直接拉進你的報告裡。

詳盡的大綱能節省你寫報告和演講稿的時間，減少你

的寫作障礙。大綱也會是一份好的地圖，提醒你去過哪裡、你現在的位置，以及你將前往何處。

## 6. 討論概念

完成大綱後，不妨和朋友、老師討論，他們可以給你寶貴的意見和回饋。在這階段要做大幅度的修改還不算太難。要是等到報告或講稿已經寫好才請他們檢視，需要修改時不但更困難、更花時間，也會讓你的自尊心受創。挑選相信你、你情感上也信任的人來檢視自己的作品，你較能接受他們給你的建議與批評。

## 7. 打草稿

當你已經選擇了一個有趣的題目、限制內容的範圍、做了足夠的研究、擬好大綱，也和某個你信任並尊重的人討論過，那麼打草稿其實是最容易的部分。

寫作和演說有一個簡單的規則：首先，告訴你的聽眾你預計對他們說什麼，然後把它說出來，再總結你剛剛說了什麼。這個規則會讓你的材料有規則地呈現，也能加強重點。

寫作的時候，記住以下幾個簡單的概念：

- 一次只說一件事，使你的論點、例子和相關構想維持切題。
- 確保句子有連貫性，概念的推展能彼此貼合。

- 盡量清楚地表達。如果你想說明一個重點，就要確定你會達成。清晰的寫作顯示清晰的思考。
- 不要使用多餘的字或例子。盡可能簡潔，以提高清晰度。刪除或重寫任何造成稿子雜亂的句子或字詞。
- 樂在其中。如果一個重點可以用好笑或幽默的方式表達，就較有可能被記住，也能讓聽眾集中注意在你的文章或演講上。當你的資訊很複雜或密集的時候特別是如此。

打草稿時，讓構想流瀉到紙面上，將概念寫出來。先不要編輯修改你的作品，文法和標點符號等之後再精修。有些人花太多時間想寫出最完美的句子，結果初稿永遠都出不來！

## 8. 修改你的作品

任何專業作者都會說：「寫作就是重寫。」不要期待你的初稿就是完稿。事實上，修改你的報告和演講稿，可能跟寫初稿花的時間差不多。這時候，你要提升句子結構、選擇更有力量的詞彙、修正標點符號，以及確保概念流暢並符合邏輯順序。這通常不像寫初稿那麼有趣，但是，只要花些時間，你的文章或演講稿就能展現專業的面貌，而不至於因為文句不通而破壞你想傳達的訊息。

## 公眾演說的祕訣

完成一篇講稿後，你的工作只完成了一半。對很多人來說，最令人神經緊張的部分，是站在一群人面前演講。我知道這是真的，因為我過去在演講之前，常感覺胃的底部有一群很生氣的蚊子。另外，我一開始演講的時候，我的聲音就會洩了底，彷彿有人拉長了氣球的開口，把裡面的氣慢慢放出來，製造一種痛苦、刺耳的噪音。

透過參加兩次大學演講團隊，並擔任過第二團的主席之後，我學到以下有用的策略，幫助我克服面對公眾的恐懼，並且完成勝利的演說：

- **選擇你喜愛的題目。**前面提過，一定要選擇你熟悉和／或是非常有興趣的題目。如果你對內容感到興奮，就較有可能也讓觀眾感覺興致勃勃。
- **修改稿子，直到你認為完全無誤為止。**如果你對於即將呈現的內容感覺良好，就能有自信地表達。
- **在朋友或鏡子前練習，或是用手機錄下自己的表現。**這樣做的優點是，讓你在友善的聽眾面前演講——即便不只有你自己——而能得到回饋。當你知道你在演講時看起來如何，就能調整儀態和姿勢，直到你覺得自在。同時也要記錄你的時間和音量。舉例來說，在講述一個重要概念之前先停頓，是提示聽眾你接下來要分享的事情很重要的好方法。練

習跟觀眾有眼神接觸。如果你在鏡子中的影像走開
了或是打瞌睡，你就知道麻煩大了。

- **幫自己計時。**如果你的演說應該在十分鐘就結束，
  但是你寫的內容只有三分鐘或長達二十五分鐘，可
  能就有大問題了。請使用手機的碼錶，確認你可以
  在預定的時間結束演講。

- **練習、練習、再練習！**你對演講的主題愈熟悉，感
  到焦慮緊張的機率就愈小。雖然講稿是你寫的，但
  你仍然需要盡量複習，好讓你萬一開始慌張時，腦
  袋不會一片空白。就像前一章提到的考試技巧：相
  信你自己。

- **準備一張小抄。**即便是背稿演講，也要隨身帶著筆
  記。這會讓你更有安全感，萬一演講時你真的突然
  忘詞，也可以很快找到銜接的內容，再繼續往下。
  然而，這只有在你真的想不起內容時再使用。如果
  你太依賴小抄，很可能會找不到你需要的訊息，也
  不會有任何觀眾想看一個演講者總是低頭看著小抄
  說話。

- **在背演講稿時，把大綱放在腦海中的頂端。**這個「大
  方向」非常有幫助。如果你知道你講過什麼、講到
  哪裡、接下來要講什麼，即便你偶爾會忘記幾個字，
  但你永遠都能進行到下一個重點。

- **要有熱情！**明白你正在發展一個能讓自己感覺更良

好的工具。如果你可以寫或說得很好，就掌握了和別人分享你思想的有力工具。從心理學和社會學的觀點來看，這是非常健康的。當你學會與他人有效地溝通，你就有機會參與更多人際互動，感覺更滿足。

## 四個步驟幫助你舒緩公眾演說的焦慮

在我的事業生涯中，我已經上過電視幾百次，也真的很享受把我們在大腦造影工作學到的成果與觀眾分享。不過，我並非總能很自然地面對鏡頭。事實上，我深刻地記得一九八九年第一次上電視接受專訪時，製作單位想要我談一篇我發表在《漫步》（Parade）雜誌上的文章，題目是「如何不再我行我素」。

那篇文章剛好觸動了讀者，得到很大的迴響。然而，我在上電視之前卻飽受焦慮之苦。我的心臟開始失控地跳動，感覺呼吸困難，很想衝出攝影棚。幸運的是，身為精神科醫師，我知道如何治療焦慮症。以下四個步驟成功地舒緩了我的情緒：

1. **放慢呼吸**。當你的呼吸又快又淺時，由於大腦得到的氧氣較少，任何會減低氧氣輸送到腦部的事物，就會引發焦慮、恐懼和恐慌的感覺。

2. **不要離開**。逃離現場並不能解決問題。在我的例子

裡，如果我那一天離開攝影棚，我可能永遠不會同意再接受電視採訪。

3. **寫下你的想法**。在下一章你會學習更多這個主題。基本上，如果你寫下自己的想法，就能挑戰毫無理由、害怕的思想。在我的例子裡，我害怕的是我會口吃，看起來很蠢。但我其實從來沒有口吃過。

4. **必要的話，服用鎮定補充品或靜坐**。前面三個步驟若沒有效果，你可能要考慮最後這一步。

**本章重點整理**

# 把自己表達出來 ——————

- 有良好的寫作和演說能力會讓你一生受用。

- 在寫報告和演講稿時,遵循這八個步驟:規劃一份合理的時間表、選擇一個你有興趣的主題、縮小主題範圍、對簡報內容作研究、為內容撰寫大綱、與一位老師或朋友討論大綱、打草稿、之後修改成品。

- 告訴觀眾你預計說什麼,把它說出來,然後重新檢視你說的內容。

- 寫作時,記得五個概念:一次只說一件事、寫作要連貫、表達得愈清楚愈好、要簡潔、在恰當時機運用一點幽默感。

- 演說時,要對自己的主題感興趣:寫一份完整的演講稿;在朋友或鏡子前練習演講;練習、練習、再練習;自己計時;隨身帶小抄;先把演講大綱背下來。

- 要有熱情!寫或說得愈多,就會愈進步,這些事也會變得更容易。

第 14 章

# 不妄自菲薄
## 如何每天都感覺良好

　　不要相信你頭腦裡每一個愚蠢的想法。你知道你的思想會說謊嗎？是不是很常說謊呢？你的思想可能讓你感覺憂傷、不安、能力不足，也可能妨礙你在課業上的表現。我的諮商案例馬克思是一名學生，他因為學業出了很多問題而來找我。我們第一次諮商時，他告訴我：

　　「我是一個白痴。」

　　「我的老師討厭我。」

　　「我永遠沒辦法像其他人一樣好。」

　　我把這些想法稱為 ANT，或說「自動負面思考」。我教馬克思七個簡單的策略，讓他控制自己的思考、平靜內心、專注，以達成他想要的課業成績。你也可以學習這些策略。

## 1. 你的想法直接影響你的感覺

　　每當一個念頭出現，大腦就會釋放化學物質，影響你的感覺。當你有一個悲傷的念頭，一個生氣的念頭，或是

一個沒有希望的念頭，比如「我是白痴」，你的大腦就會釋放讓你感覺很差的化學物質。相反地，每次你有一個快樂的念頭，一個有愛的念頭，一個有希望的念頭，你的大腦就會立即釋放讓你感覺很好的化學物質。太多不好的念頭（對自己、對自己應付課業的能力、對你的老師、對一切）會讓你感覺很差，阻礙你達成自己的目標。

## 你的大腦天生就會有負面思考

對於我們居住在山洞中的人類祖先來說，消極思想是生存武器庫的有力工具。專注於負面因素，有助於我們避免被劍齒虎吞噬或掉下懸崖而死。

敏銳地意識到生命中的潛在危險，是人類存活了這麼長時間的部分原因。隨著社會的發展，我們不再受到野生動物或未知地形的持續威脅。但是，人的大腦並沒有像我們周圍的環境一樣快地進化。實際上，研究證明，相對於積極的經歷，我們的大腦更能適應消極的經歷[28]。只要看看我們所消耗的新聞——那是一場又一場的災難。比起正面的新聞，我們更有可能注意到負面的。在一項研究中，人們點擊帶有否定形容詞標題的可能性，比帶有肯定措辭的標題之可能性高出六三％[29]。好消息是，你可以訓練你的大腦將這種自然傾向顛倒過來，換掉消極的、無助的想法，以換取積極的、能幫助你實現目標的想法。

## 2. 問自己你的想法是否為真

　　學習質疑那些你對自己的負面想法。我的好朋友布來恩・凱帝（Byron Katie）創造這個練習，有助於扭轉激起焦慮和沮喪的負面思考和信念。基本上，當你有一個負面、有害、令人沮喪的想法時，問自己它是否真實。舉個例子，如果你認為「我的歷史很爛」，問自己這是否真實。你是真的歷史很爛，還是你只需要更用功一點？或者你需要想辦法讓這個科目變得更有趣，好讓你想學習更多？只要你明白自己真實的想法，你就更能控制你的心靈。這是多大的安慰！

## 3. 認識七種自動負面思考（ANT）類型

　　在你殺死 ANT 之前，你需要學習如何辨認它們。以下是七種不同的 ANT 類型：

- **全有或全無的自動負面思考。**這些 ANT 是用絕對性思考，也就是認為一切不是全都好，就是全都不好。這些思考會使用的字眼例如：所有、總是、絕對不會、沒有一個、什麼都沒有、沒有人、每一個人、每一次。
- **只有不好的自動負面思考。**這種 ANT 看不到任何好事情！在任何情況下，它只看到壞的一面。

- **被罪惡感鞭笞的自動負面思考。**這種 ANT 思考使用的詞語像是：應該、必須、務必、不得不。這樣的字眼會扼殺動力。

- **貼標籤型自動負面思考。**將負面標籤貼在自己或其他人身上，會加強大腦的負面路徑，讓你困在習慣的樣子裡。

- **算命型自動負面思考。**不要聽這種說謊的 ANT ！算命型的 ANT 會預測最糟的結果，即使只有蛛絲馬跡或根本沒有證據。

- **讀心術型自動負面思考。**這種 ANT 認為它可以看進別人腦子裡，以為知道別人在想什麼或感覺什麼，即使沒有人告訴他。

- **責怪型自動負面思考。**為自己的問題責怪他人，會使你成為受害者，阻止你承認過錯或從中學習。

## 你能用思考讓大腦變得更好嗎？

我曾與心理學家、《欣賞的力量》（*The Power of Appreciation*，暫譯）作者諾愛爾·尼爾森（Noelle Nelson）做過一個比對負面思考和正面思考的研究。我們在兩種非常不同的情況下，對她的大腦進行 SPECT 掃描。在其中一次掃描中，她花了三十分鐘想著所有讓她覺得感激的、在生命中發生過的美好事情。在這些正面思考後，她的腦部 SPECT 掃描顯示非常健康的血液流量和活性。而另一個掃描中，我請諾愛爾花三十分鐘想著她所有最糟糕的恐懼和憂慮。她的負面大腦與正面大腦比較起來，顯示出明顯的不同。她的負面大腦顯示在兩個重要區域——小腦及顳葉——的活性低落。你或許記得，小腦具有處理複雜資訊的功能，若此區塊的活性低，表示與學習力差、思考緩慢，以及散亂無序相關。顳葉的活性低，可能造成記憶和情緒障礙。諾愛爾的故事顯示，負面思考導致腦部出現負面變化，可能破壞你在學校課業上的努力。另一方面，正面思考則會提升你的腦力，使你取得更好的表現。

# 4. 消滅 ANT

要消滅 ANT，你需要辨認它的種類，用誠實、理性的思維重新架構你的想法。以下有幾個例子：

| ANT | 種類 | 消滅 ANT |
|---|---|---|
| 我永遠都答不好申論題。 | 全有或全無 | 那不是真的。我通常都答得很好，但是這一次沒有抓到重點。我會從這次的錯誤中學習，下次就會答得更好。 |
| 這次考試，總分一百分我只拿了九十分。我很沒有價值。 | 只有不好的 | 拿了九十分是很棒的成就，我應該覺得驕傲。 |
| 我應該要擬期末報告的大綱，但是我不想。 | 被罪惡感鞭笞 | 我想在這週末完成期末報告，因為這對我很重要，而擬大綱能夠幫助我達成。 |
| 我是個差勁的學生。 | 貼標籤型 | 如果我保持專注，確實用功念書，我就能取得好成績。 |
| 其他學生會討厭我的演講。 | 算命型 | 沒有證據，我無法預測這一次的結果。 |
| 我的讀書夥伴一定在生我的氣，因為她沒有馬上回我的訊息。 | 讀心術型 | 我不知道確切原因，也許她只是忙著準備另一堂課。我會跟她討論這件事。 |
| 我沒有得到更好的成績是老師的錯。 | 責怪型 | 我需要看我在這個問題上該負的責任，設法找到下次考得更好的方式。 |

# 5. 休息以避免筋疲力盡

對學生來說，想取得好成績會有很大的壓力，可能讓你感覺無法負荷。我知道筋疲力盡的感覺是什麼——當你努力讀了好幾個小時，頭腦已無法正常思考，而你還有更多功課要做……以下技巧能幫助你避免自己悶在壓力鍋裡。

- **接受你的限制，知道努力到何時就夠了。**學習接受自己不必像超人一樣，不要期待做到完美。不要再增加額外的壓力，把情況變得更糟。

- **試著退後一步，休息一下，讓自己放鬆。**你最好的表現，是出現在你有良好的休息和放鬆之後。事實上，太多壓力會釋放你大腦裡的化學物質，阻礙你的認知表現，並降低解決問題的能力。休息對你來說可能很難，但你真的需要休息才能有最佳的表現。提醒自己，這不是一個拖延和不念書的藉口，而是讓自己不要把精力用盡。

- **把休息納入時間表。**時間管理是避免精力耗盡的一個重要因素。找到你想擠出時間去做的事，把它放進你的時間表。

---

**克羅伊和艾莉莎的科技小訣竅**

記得將「我的時間」放進你的時間表裡，設定提示，提醒你關機，給大腦跟身體休息的時間。

---

# 6. 向老師表示善意

我發現有一件事能讓上學較為愉快，那就是跟老師們做朋友。不管你是否喜歡，你都會固定看到這些人，所以，為什麼不把這變成一種更愉悅的體驗呢？只需要很簡單的動作，像是在課堂上表現禮貌，保持正面態度，告訴你的老師你欣賞他們哪一種教學方式。但是，必須記得不要做過頭了。老師們的教學經驗豐富，什麼學生都遇過——那些「馬屁精」，會送巧克力的，或是會說「我媽媽是家長教師聯誼會長，所以請給我 A」的。你的老師可能會識破任何想跟他變成好朋友的虛情假意，這會造成反效果而對你不利。然而另一方面，你可能真的會欣賞、喜歡你的老師，而從你們的友誼中獲益良多。

本章重點整理
# 消滅自動負面思考

- 你的想法會直接影響你的感覺。壞的念頭讓你感覺很差;好的念頭讓你感覺很好。

- 質疑你腦中想法的真確性:問自己它們是否真實。

- 認識七種 ANT 類型:這些自動負面思考會讓你感覺很差,並且妨礙你達成目標。

- 消滅 ANT。學習如何重新整理自動負面思考,不讓它們妨礙你成為成功的學生。

- 休息以避免筋疲力盡。給自己一些「我的時間」,以保持大腦和身體的清新狀態,放鬆才能取得更好的表現。

- 向老師釋出善意。和老師們建立正向的關係,會讓你在學校的時間更愉快。

第 15 章
# 打包這份禮物
## 發揮最好的自己

　　這本書的設計，是成為一份不斷被送出去的禮物。禮物內容包括更好的成績、更全面的知識，以及更有效率的時間運用。而成果完全取決在你！如果你使用這份禮物──練習書中所述的原則，並且用熱情的態度投入課業──你會對這份禮物非常滿意。然而，如果你疏於使用你的禮物──沿用舊的、沒有生產力的習慣和模式，或是在遇到困難時就放棄目標──你將會把自己帶向失望的終點。

　　一開始就要明白，你必須為自己能否達到成功負最大的責任。不要為自己的失敗怪罪他人和環境，而落入責怪型自動負面思考的受害者角色。這個習慣很危險，因為你等於承認自己對生活失去控制能力。如果你無法控制你自己，那麼有誰可以？

　　最後一章的用意，是用一條漂亮的蝴蝶結將你的禮物打包起來。本書的結尾會告訴你，發展你的「其他方面」，撒下健康的種子，分散你的痛苦，能夠增強你身為一個學生和一個人的整體能力。

雖然你在現階段是一名學生，但生活有許多面向，不只有當學生這件事而已。或許你發現自己只專注於讀書或跟讀書有關的事情，當這種情況發生時，你會犧牲生活中其他領域能帶給你的必要教育。一開始就要決定，你要把讀書放在你的世界裡的什麼位置，但不要讓這件事掌控了你。如果你照顧好自己的身體，建立穩固的關係，並且培養讀書以外的興趣，你就能擁有更完整的教育。

## 1. 照顧好你的身體

要非常注意你的身體健康。你的身體是學習的工具，必須被細心地調理。許多研究建議，經常規律地運動會增強心理耐力、記憶力、注意力、解決問題的能力、規劃力、組織力、甚至提高自信的情緒。運動也能促進體內腦內啡（endorphin）的產生，這種自然的化學物質能讓你心情愉悅，減輕心理壓力。此外，請注意體重管理。體重過重會導致身體從大腦細胞奪取能量，以餵食脂肪細胞。你的理想體重也是你達成大腦巔峰表現的體重。

攝取均衡的飲食，才能讓身體以高效率運作。為了增加大腦與身體的燃料，提升表現，請遵守以下大腦健康飲食的九項規則：

- **規則 1：只食用高品質卡路里。**食物的品質比數量更重要。一個五百大卡的肉桂捲和一盤五百大卡的鮭魚、菠菜、紅色燈籠椒、藍莓和堅果，你會怎麼

選擇？一個會耗損你的精力，加重發炎；另一個會
讓你的頭腦電力飽滿，並保持身體的健康。

- **規則 2：飲用充足水分。** 你的大腦有八〇％是水。
保持水分充足能幫助大腦功能最佳化。缺水只要
二％，就足以損害你在要求注意力、立即記憶能力，
以及體能表現的任務上之成效。

- **規則 3：在一整天裡，小分量地攝取高品質蛋白質。**
攝取蛋白質有助於抵抗飢餓感和預防能量危機。

- **規則 4：攝取聰明的醣類。** 低血糖和高纖的醣類，
例如蔬菜和藍莓、梨、蘋果等水果，會穩定血糖並
提供穩定的能量。

- **規則 5：專注攝取健康脂肪。** 你知道人類大腦的固
態重量中，有六〇％是脂肪嗎？好的脂肪對於健康
不可或缺。選擇健康的脂肪，像是酪梨、魚類（野
生鮭魚、鱒魚、鱸魚）、堅果和種籽、橄欖、橄欖油、
椰子油。

- **規則 6：攝取各種顏色的食材。** 讓飲食包含對應彩
虹色譜顏色的食材，例如藍莓、石榴、黃色的南瓜、
紅甜椒等。這會刺激高能量的類黃酮，提升體內的
抗氧化因子濃度，有助於保持大腦年輕化。

- **規則 7：烹調有益大腦健康的草本植物和香料。** 草
本植物和香料，包括薑、大蒜、牛至、肉桂、薑黃
和百里香，含有許多促進健康的物質，並能提升食

物的味道。

- **規則 8：盡量確保食物的乾淨。** 不論你吃什麼，盡量選擇有機栽培和種植的食材，因為食品工業裡使用的農藥、激素和抗生素，可能堆積在你的腦部和體內，進而造成問題。

- **規則 9：如果你有任何心理健康或身體上的症狀，就要排除任何可能的過敏原或體內的侵擾原。** 在進行排除飲食，拒絕小麥（所有小麥製品都含麩質）、乳製品、玉米、黃豆、加工食品、各種形式的糖和代糖，以及食物染料和添加劑等食品後，人們通常會感覺較好，各方面的表現也提升了。

## 2. 發展你的關係

　　人生中很多的滿足感和成就感，來自你與他人的關係。如果你因為讀書而忽略了人生中這個層面，那麼你就是在自我欺騙。有價值的、實用的人生功課是在與人接觸時學到的，經營你的重要關係對你有益。

　　用讀書當作藉口，避免與人有意義的連結，可能會減少你人生的痛苦——因為關係通常可能會伴隨著痛苦。然而，若缺少重要的關係，很少人能發揮身而為人完整的潛力。我在第一章曾提到，我們都是活在關係裡的個體，不要讀書讀到忘了身為人類的本質。

### 3. 培養課業以外的興趣

很多事業都不是從正規教育產生的，而是從興趣或是課外活動，例如攝影、新聞報導、運動或是學生會。從事這些活動有助於你發展在教育體制下沒有機會被挑戰的個人領域。而且，這些活動可能給你額外的好處，讓你變成一個更有趣的人。

我在中學和部分大學時期的一個嗜好，是飼養我的浣熊哈米。哈米教了我很多寶貴的功課，其中之一是外交的藝術。有一次我回家，發現我媽和哈米正臨陣對峙，原來是哈米大鬧我媽的浴室，牠把所有的水龍頭都打開，在馬桶裡玩耍，而且還不斷地沖馬桶——這導致社區的水壓降低。當我爸回來時，我媽氣極敗壞地宣告，她與浣熊無法住在同一個屋簷下，家裡有她就沒有浣熊！我爸猶豫了一下才回答她，告訴她這樣並不會讓事情好轉！相信我，我做了極大的讓步才讓哈米不至被掃地出門。

在大學裡，我成為人們口中的「帶浣熊的男人」，所有學生都想認識哈米，而這變成我認識他人和交朋友很棒的方式。如果不是因為哈米，有些人我可能永遠不會有機會遇到。

發展你的「其他方面」就是學習如何成為一個完整的人。照顧好自己的身體，建立互相滋養的關係，培養課外興趣，你就能提升整全的教育。絕對不要忘了，你不只是

學生而已！本書的主要目的之一，就是幫助你成為一個更有效率的學生，讓你有更多時間發展其他一樣重要的人生層面。這就是禮物上的漂亮蝴蝶結！

## 播下種子

在《聖經》裡，耶穌說過這個比喻：「有一個撒種的出去撒種。撒的時候，有落在路旁的，被人踐踏，天上的飛鳥又來吃盡了。有落在磐石上的，一出來就枯乾了，因為得不著滋潤。有落在荊棘裡的，荊棘一同生長，把它擠住了。又有落在好土裡的，生長起來，結實百倍。」（路加福音第八章第五到八節）

時間和努力（種子）並非學校課業的決定因素。你們都知道，很多拚命念書的學生沒有掌握書本的重點，考試成績並不理想。相反地，有些學生無論睡覺時間多長，或休息的次數有多少，他們總是可以拿到好成績。你的學習產生的收穫，取決於種子的品質，以及栽種的方式。回顧這本書的重點：

- 擁有平衡的生活，對於你在人生中從事的每一件事都很重要。睡眠、運動和精力對你的考試成績有巨大影響。盡一切努力維持平衡的生活型態，永遠都會增加你成功的機率。
- 改變不良讀書習慣和模式需要有改變的動力，真正

下決心改變，擁有正確的態度和改變的工具，堅持拓展新的方法，將自己設定成贏家。

- 準備工作對於達成目標太重要了。從源頭開始，奠下堅實的知識基礎。

- 抱持目標而讀書。知道你想完成什麼，已經讀過什麼，還有什麼仍待學習。

- 大方向將是你會記得的，也是你理解細節的關鍵。

- 從一般性的資訊開始研讀，再進入細節。

- 發展規劃時間、資源，以及最重要的——你自己——的紀律。使用系統性的方法學習每個課程，計畫投入的時間和精力要切合實際。

- 使用你所有可用的資源。閱讀課程大綱和課本上的基本內容。設法取得複習本和考古題。從你的老師和其他同學取得所有可能的資源。

- 從一開始上課就用負責的態度面對每一堂課，盡全力打好基礎和提升自信心。上課前明白你的目標，這樣可以避免遭遇挫折。

- 嘗試不同的讀書方法，以了解在不同情況下哪一種方法最有效。研讀已定義好的章節，經常複習，並且永遠要嘗試應用你的所學。

- 去上課——這是教育最基本的工具。為了從課堂取得最大收穫，要先準備，課前預習能讓你對上課內容有更多了解。

- 上課聽講包括聽到、處理、承認、反應，以及吸收。如果你想吸收主題的相關知識，主動聆聽是必要的。

- 做筆記時，注意講者給的提示。記得，筆記是大部分考試的基本來源——整理一套好的筆記太重要了！下課後重寫一次，加深複習的印象。

- 成功記憶需要藉由聯想。理解材料之後再設法記憶。熟悉記憶輔助工具的使用，以發展聯想。

- 學習跟夥伴一起讀書。這個做法能打破自行研讀的單調性，幫助你釐清有疑問的部分，當考試接近時，也能帶給你關於課程重點的另一種角度。

- 準備考試時，要規劃你的學習時間，按段落研讀，並且定期總複習。確認你有一套完整的上課筆記、自己製作的考題，以及「大方向」事實清單。

- 在考試前，想辦法盡可能找出關於考試的資訊。使用考古題（若老師許可的話）以了解老師出考題的方式，以及過去他們認為哪些部分才是重點。

- 填鴨式複習，而不只是看過。

- 在考試當中，仔細閱讀作答指示，先回答你知道的問題，從字面上理解考題，要克制盡快寫完的傾向。

- 藉由事後檢討考卷，以及在你不同意答案時詢問老師，是從考試中學習的好方法。

- 在寫一篇報告或演講稿時，規劃好時間，選擇聚焦

的主題，下功夫研究，製作大綱，找人討論你的想法，然後再寫出並修改你的作品。

- 成為好的演講者，關鍵因素包括相信你的主題、寫一篇好的演講稿、練習演說、持續用熱情演講。

- 發展生活的其他領域──你在人生中的學習，比學校能給予的還多。

為你的學習種下種子的最後一招，是幫助其他學生。當你在課堂上取得優秀表現，也要願意教導學習有困難的人。我曾花許多時間當其他學生的家教，從中得到的收穫永遠比我付出的更多。每次你教別人一件事，就有助於將那份資訊更深植入你的頂葉。在某次神經解剖學的期中考試，我花了超過十五個小時教導兩位對該科目感到困難的同學。家教結束的時候，我不僅因為知道自己幫助兩個朋友通過很難的考試而感到滿足，我也得到愉悅地考完一次完美考試的經驗。種瓜得瓜，所以，盡可能用有生產性的方式善用你的天賦和資源。

# 參考文獻 ————————

## 前言

1. Kaufman SB. Learning strategies outperform IQ in predicting achievement. Scientific American, April 8, 2013. https:// blogs.scientificamerican.com/beautiful-minds/learning-strategiesoutperform-iq-in-predicting-achievement/.

## 第四章

2. Ophir E, Nass C, and Wagner AD. Cognitive control in media multitaskers. PNAS. 2009;106(37):15583-15587. https://doi. org/10.1073/pnas.0903620106.

3. Hubbert B. How room temperature affects your brain while studying. Champion AC. 2017. Dec. https://www.championac. com/blog/how-room-temperature-affects-your-brain-while-studying/.

4. Chang A-M, Aeschbach D, Duffy JF, et al. Evening use of lightemitting eReaders negatively affects sleep, circadian timing, nextmorning alertness. PNAS. 2015;112(4):1232–1237.

5. Ariga A and Lleras A. Brief and rare mental "breaks" keep you focused: deactivation and reactivation of task goals preempt

vigilance decrements. Cognition. 2011 Mar;118(3):439–443.

## 第五章

6.  Felger JC, Li Z, Haroon E, et al. Inflammation is associated with decreased functional connectivity within corticostriatal reward circuitry in depression. Mol Psychiatry. 2016;21:1358–1365.

7.  Ford, G. Inflammation in psychiatric disorders. European Psychiatry, 2014 Nov;29(8S):551–552.

8.  Miller AH, Haroon E, and Felger JC. Therapeutic implications of brain-immune interactions: treatment in translation. Neuropsychopharmacol. 2017;42:334–359.

9.  Lajiness-O'eill R, Erdodi L, and Bigler ED. Memory and learning in pediatric traumatic brain injury: a review and examination of moderators of outcome. Appl Neuropsychol. 2010 Apr;17(2):83–92.

10. Schachar RJ, Park LS, and Dennis M. Mental health implications of traumatic brain injury (TBI) in children and youth. J Can Acad Child Adolesc Psychiatry. 2015 Fall;24(2):100–108.

11. Zaninotto AL, Vicentini JE, Fregni F, et al. Updates and current perspectives of psychiatric assessments after traumatic brain injury: a systematic review. Front Psychiatry. 2016 Jun 14;7:95.

12. Schachar, et al.

13. Mackelprang JL, Harpin SB, Grubenhoff JA, et al. Adverse

outcomes among homeless adolescents and young adults who report a history of traumatic brain injury. Am J Public Health. 2014 Oct;104(10):1986-1992.

## 第六章

14. Peck SM. The Road Less Traveled. New York: Touchstone, 2003.

## 第八章

15. Hölzel BK, Carmody J, Vangel M, et al. Mindfulness practice leads to increases in regional brain gray matter density. Psychiatry Res. 2010;191(1):36-43. doi: 10.1016/j.pscychresns.2010.08.006.

16. Glass A and Kang M. Dividing attention in the classroom reduces exam performance. Educational Psychology. 2018. https://www. tandfonline.com/doi/full/10.1080/01443410.2018.1489046.

## 第十二章

17. Weyandt LL, White TL, Gudmundsdottir BG, et al. Neurocognitive, autonomic, and mood effects of Adderall: a pilot study of healthy college students. Pharmacy 6(3). https://www. mdpi.com/2226-4787/6/3/58.

18. Taren AA, Gianaros PJ, Greco CM, et al. Mindfulness meditation training and executive control Network resting state functional connectivity: a randomized controlled trial. Psychosom Med.

2017;79(6):674–683.

19. Tang YJ, Yang L, Leve LD, et al. Improving executive function and its neurobiological mechanisms through a mindfulnessbased intervention: advances within the field of developmental neuroscience. Child Dev Perspect. 2012 Dec; 6(4):361–366.

20. Maller C, Townsend M, Pryor A, et al. Healthy nature healthy people: "contact with nature" as an upstream health promotion intervention for populations. Health Promot Int. 2006 Mar;21(1):45–54.

21. Lambrou P. Fun with fractals? Psychology Today. 2012. Sep. https://www.psychologytoday.com/blog/codes-joy/201209/fun-fractals.

22. Kasper S, Gastpar M, Müller WE, et al. Lavender oil preparation Silexan is effective in generalized anxiety disorder: a randomized, double-blind comparison to placebo and paroxetine. Int J Neuropsychopharmacol. 2014 Jun;17(6):859–869.

23. Koulivand PH, Khaleghi Ghadiri M, and Gorji A. Lavender and the nervous system: evidence-based complementary and alternative medicine. eCAM. 2013. 681304.

24. Kheirkhah M, Vali Pour NS, Nisani L, et al. Comparing the effects of aromatherapy with rose oils and warm foot bath on anxiety in the first stage of labor in nulliparous women. Iran Red Crescent Med J. 2014 Aug 17;16(9):e14455.

25. Hongratanaworakit T. Relaxing effect of rose oil on humans. Nat Prod Commun. 2009 Feb;4(2):291–296.

26. Amsterdam JD, Shults J, Soeller I, et al. Chamomile (Matricaria recutita) may provide antidepressant activity in anxious, depressed humans: an exploratory study. Altern Ther Health Med. 2012 Sep-Oct;18(5):44–49.

27. Herbs and spices. All Women's Talk. http://health.allwomenstalk.com/ways-to-improve-your-mood-with-food/4.

## 第十四章

28. Carretié L, Mercado F, Tapia M, et al. Emotion, attention, and the 'negativity bias', studied through event-related potentials. International Journal of Psychophysiology. 2001;41(1):75-85. https://www.ncbi.nlm.nih.gov/pubmed/11239699.

29. https://www.outbrain.com/blog/headlines-when-the-best-brings-the-worst-and-the-worst-brings-the-best/?utm_source=SilverpopMailing&utm_medium=email&utm_campaign=BrainpowerWeekly-2014-2February19(Non-LT)%2520(1)&utm_content=.

## 附錄 A

30. High blood pressure during childhood and adolescence. Centers for Disease Control and Prevention. 2018. July. https://www.cdc.

gov/bloodpressure/youth.htm.

31. Berk LS et al. Modulation of neuroimmune parameters during the eustress of humor-associated mirthful laughter. Altern Ther Health Med. 2001 Mar;7(2):62-72, 74-6.

32. Ryu KH et al. Effects of Laughter Therapy on Immune Responses in Postpartum Women. J Altern Complement Med. 2015 Dec;21(12):781-8.

33. Cousins N. Anatomy of an illness (as perceived by the patient). N Engl J Med. 1976 Dec 23;295(26):1458-63.

附錄 A

# BRIGHT MINDS！
# 幫助大腦成長、提升心智的
# 107 個訣竅

## B 代表血液流量

1. 喝足夠的水——血液中大部分都是水！

2. 限制咖啡因和排除尼古丁。

3. 學習球拍運動。

4. 享受一小片無糖黑巧克力。

5. 補充銀杏葉萃取物。

6. 用辣椒為食物調味。

7. 食用富含精胺酸（Arginine，是一種 $\alpha$-胺基酸）的食物，例如甜菜。

8. 食用富含鎂的食物，例如南瓜籽。

9. 喝綠茶。

10. 知道你的血壓並維持血壓健康。（十二歲到十九歲的美國人當中，約四％有高血壓，另外一〇％有血壓升高的跡象[30]。）

## R 代表理性思考

1. 每一天從「今天將會是很棒的一天」開始！
2. 每一天結束時寫下「今天什麼事很順利」。
3. 每天寫下三件你很感恩的事。
4. 挑戰任何負面思想。
5. 殺死 ANT（自動負面思考）。
6. 讓人們知道你在乎他們，以表達感激。
7. 練習靜坐。
8. 當事情不如意時，尋找正面的意義。
9. 對自己仁慈，就像你對其他人一樣。
10. 想一件美好的事，注意它帶給你的感受（你注意的事物會決定你的感覺）。

## I 代表發炎

1. 每天使用牙線，照顧牙齦。
2. 檢測你的 C 反應蛋白質（目標是 1.0 毫克 /L）。
3. 從飲食中排除任何反式脂肪。
4. 限制富含 omega-6 的食物，例如玉米、黃豆和加工食品。
5. 增加富含 omega-3 的食物，例如魚類和酪梨。
6. 攝取 omega-3 營養補充品。
7. 攝取薑黃素營養補充品。
8. 服用維他命 B6、B12，以及葉酸營養補充品。

9. 食用益生元食品，例如蘆筍、洋蔥、大蒜和蘋果。
10. 在飲食中加入益生菌食物和／或營養補充品。

## G 代表遺傳基因

1. 如果你的家族成員有心理健康問題或是記憶障礙，你必須盡早嚴肅地面對自己的大腦健康，遵守這些幫助大腦成長的訣竅。
2. 考慮做基因檢測，以找出任何漏洞。
3. 相信你的行為可以啟動或關閉許多「麻煩基因」。
4. 限制高血糖、飽和脂肪的食物，例如披薩、加工乳酪和微波爆米花。
5. 練習壓力鬆弛技巧。
6. 避免以酒精、毒品或香菸自我藥療。
7. 設法解決過去的情緒創傷。
8. 吃藍莓。

## H 代表頭部創傷

1. 走路、騎車或開車時不要傳簡訊。
2. 繫安全帶。
3. 三思而後行。
4. 從事滑雪、騎自行車等活動時戴安全帽。
5. 避免爬梯子。
6. 慢下來。

7. 下樓梯時握住扶手。

8. 如果你曾有頭部創傷，須檢查荷爾蒙。

9. 走路時不要戴耳機。

10. 考慮嘗試高壓氧療法。

## T 代表毒素

1. 可能的話，購買有機食物，以避免暴露於毒素下。

2. 加油時避開煙氣。

3. 戒菸並避免二手菸。

4. 多喝水以養護你的腎臟。

5. 限制酒精並食用蕓苔屬蔬菜（青花菜、花椰菜、抱子甘藍、高麗菜等）以養護你的肝臟。

6. 吃更多纖維以養護你的腸道。

7. 藉由運動和洗三溫暖養護你的皮膚。

8. 懷疑有問題時，檢查家中是否有黴菌。

9. 不要飲用或食用以塑膠餐盒裝的食物。

10. 使用「Think Dirty」app 來找出含有毒素的個人照護產品。

## M 代表心理健康

1. 從事規律性的體能運動，以提升多巴胺和血清素濃度。

2. 如果你很容易憂慮，考慮攝取提高血清素的 5- 羥色

氨酸（5-HTP）。

3. 如果你無法專注，考慮攝取高蛋白、低醣類飲食。

4. 每天食用高達八種蔬果──這與快樂有線性關聯。

5. 練習靜坐。

6. 在大自然中散步。

7. 採用 ANT 療法（參考第十四章）。

8. 了解並最佳化你的維他命 D 值。

9. 在飲食中添加藏紅花，有助於提升情緒和記憶。

10. 如果自然介入法沒有效果，須諮詢專門的心理健康專家。

## I 代表免疫力∕傳染病

1. 如果你正與心理健康問題搏鬥，採用標準療法未見效果，請考慮檢查是否暴露在某種感染原下。

2. 減少酒精攝取。（為什麼護士在打針前會在你皮膚上塗一點酒精？為了減少細菌。飲用過量酒精可能破壞對於免疫系統很重要的腸道內微生物。）

3. 嘗試一個月的排除飲食，看看是否食物過敏症正在破壞你的免疫系統（從排除血糖、乳製品、玉米和黃豆開始）。

4. 避免去有鹿活動的地方爬山。

5. 了解並最佳化你的維他命 D 值。

6. 在飲食中添加額外的維他命 C。

7. 用老蒜作為補充食材。

8. 在飲食中添加洋蔥。

9. 在飲食中添加香菇。

10. 看喜劇——研究顯示笑能提升免疫力[31、32、33]。

## N 代表神經激素問題

1. 如果你有腦霧、倦怠、和／或長期壓力的問題，檢查你的荷爾蒙濃度，特別是甲狀腺。

2. 避開荷爾蒙破壞因子，例如產品中的雙酚 A（BPA）、鄰苯二甲酸酯（phthalates）、對羥基苯甲酸酯（parabens），以及農藥。

3. 避開用激素和抗生素飼養的動物性蛋白質。

4. 在食物中添加纖維，以減少體內不健康的雌激素。

5. 舉重有助於提高睪固酮。

6. 限制糖的攝取。糖會破壞激素。

7. 補充鋅有助於提升睪固酮。

8. 服用抑制皮質醇的補充品，例如印度人參（也能強化甲狀腺）。

9. 如果你的甲狀腺功能低下，可視需要使用荷爾蒙替代品。

## D 代表肥胖症

1. 了解你的身體質量指數（BMI）並按月測量。

2. 不要喝進熱量——小心含糖汽水和果汁，以及高熱量雞尾酒，這些會促進體重增加。

3. 尋找最高品質的熱量來源，如果你需要減重的話，不要攝取太多。

4. 攝取各種顏色的食材，目標是吃進各種不同自然顏色的食物（不是彩虹糖）。

5. 每一餐攝取蛋白質和健康脂肪，以穩定血糖和抑制吃糖的渴望。

6. 攝取「聰明醣類」——這些醣類含有低血糖和高纖維。

7. 閱讀食物標籤——如果你不知道某樣東西裡的成份，就不要食用。

8. 如果你的體重過重，就要建立一生的漸進式減重習慣，而不是大量節食。

9. 在食物中添加肉桂和肉荳蔻，有助於平衡血糖值。

10. 只愛會愛你的食物。

## S 代表睡眠

1. 如果你會打鼾，請檢查是否有睡眠呼吸中止症。

2. 排除咖啡因。

3. 在你的電子產品上裝設抗藍光設備。

4. 睡前讓你的房間涼爽些。

5. 夜晚關燈。

6. 夜間關閉所有電子裝置。

7. 保持規律的睡眠時間。

8. 補充褪黑激素和鎂。

9. 聽催眠的有聲節目或 app。

10. 如果你很容易擔憂，可以試試 5- 羥色氨酸。

附錄 B

# 亞曼臨床學習障礙篩檢
## 學習對你來說，很困難嗎？

　　請使用下列評分等級針對下述各症狀進行自評。可以的話，請另一個人（例如父母其中一位）為你評分，以獲得更客觀、完整的評估結果。

　　0 －從來沒有

　　1 －很少

　　2 －偶爾

　　3 －經常

　　4 －非常頻繁

　　NA －不適用／不知道

| 他人 | 自己 | |
|------|------|---|

## 閱讀

1. 我不會念書。
2. 我不喜歡閱讀。
3. 我在閱讀時常犯錯，例如跳過一些字或行。
4. 我必須把一個句子讀兩遍。
5. 我很難記得讀過的內容，就算所有的字我都讀過。
6. 我在閱讀時會顛倒字母（例如 b 看成 d 或 p 看成 q）。
7. 我在閱讀時會轉換字母（例如 god 看成 dog）。
8. 我在閱讀時眼睛會痛或流眼淚。
9. 我在閱讀時看文字常顯得模糊。
10. 我在閱讀時文字常在頁面上移動。
11. 在閱讀時，我很難理解主要的意思和重要的細節。

他人　自己

## 寫作

____　____　12. 我的字跡很亂。

____　____　13. 我的功課向來很雜亂。

____　____　14. 我喜歡寫印刷體字而非草體字。

____　____　15. 我寫的字母會擠在一起，字與字之間
　　　　　　　　沒有空格。

____　____　16. 我很難寫在一行裡。

____　____　17. 我的文法或標點符號有問題。

____　____　18. 我的拼字很差。

____　____　19. 我在抄寫黑板和書上的字時有問題。

____　____　20. 我很難把頭腦裡的想法寫到紙上。

____　____　21. 我可以說故事但是沒辦法寫出來。

## 身體覺察／空間關係

____　____　22. 我很難辨別左邊和右邊。

____　____　23. 我很難把字寫在欄裡或著色在線內。

____　____　24. 我比較笨拙而沒有協調性。

____　____　25. 我的手眼協調有困難。

____　____　26. 我對理解上、下、在上、在下的概念
　　　　　　　　有困難。

____　____　27. 我走路時比較容易撞到東西。

他人　　自己

## 口語表達語言

____ ____ 28. 我很難用文字表達自己的意思。

____ ____ 29. 我在談話中很難找到正確的詞語來表達。

____ ____ 30. 我在談話中很難討論一個主題或找到重點。

## 接受性語言

____ ____ 31. 我很難跟上談話或理解談話的內容。

____ ____ 32. 我在談話中容易誤會別人並且回答錯誤。

____ ____ 33. 我很難理解別人給我的指示。

____ ____ 34. 我很難辨別一個聲音從哪個方向來。

____ ____ 35. 我很難過濾掉背景雜音。

## 數學

____ ____ 36. 就我的年齡而言，我的基本數學能力（加減乘除）很差。

____ ____ 37. 我在算數學時會犯粗心的錯誤。

____ ____ 38. 我常把數字看顛倒。

____ ____ 39. 我很不會玩文字遊戲。

他人　　自己

## 序列

_____　_____　40. 我說話時很難把每一件事安排在正確的順序。

_____　_____　41. 我無法分辨時間。

_____　_____　42. 我無法排列字母順序。

_____　_____　43. 我無法按順序說出一年中的月份。

## 抽象思考

_____　_____　44. 我無法理解人們說的笑話。

_____　_____　45. 我通常太照字面理解事情。

## 組織能力

_____　_____　46. 我的文字作業通常雜亂無章。

_____　_____　47. 我的房間很亂。

_____　_____　48. 我常把所有東西塞進背包、書桌或櫃子。

_____　_____　49. 我的房間有好幾堆的物品。

_____　_____　50. 我很難規劃時間。

_____　_____　51. 我經常遲到或匆匆忙忙。

_____　_____　52. 我常常不寫作業或功課，最後忘了該做什麼。

| 他人 | 自己 |
|------|------|

## 記憶力

____ ____ 53. 我的記憶力有問題。

____ ____ 54. 我記得很久以前的事情，但不記得最近的事情。

____ ____ 55. 對我來說，要記得學校或工作上的事很難。

____ ____ 56. 我今天知道一件事，但是隔天就忘。

____ ____ 57. 我會在話說到一半的時候忘記我要說什麼。

____ ____ 58. 我很難按照指示做超過一個或兩個以上的步驟。

## 社交技巧

____ ____ 59. 我的朋友很少或沒有朋友。

____ ____ 60. 我不太能解讀他人的身體語言或臉部表情。

____ ____ 61. 我通常感覺受傷或很容易受傷。

____ ____ 62. 我容易跟朋友、老師、父母和老闆產生問題。

____ ____ 63. 我跟不太熟的人在一起時，會覺得不自在。

他人　　自己

____　____　64. 我會被別人取笑。

____　____　65. 朋友不會約我跟他們一起做些事情。

____　____　66. 我在學校和工作以外的時間不太跟別
　　　　　　　人聚會。

### 光敏感問題
（了解更多資訊請上網：Irlen.com）

____　____　67. 我對光敏感（會感覺受強光、陽光、
　　　　　　　車燈和路燈干擾）。

____　____　68. 在亮光或螢光燈下，我會變得疲倦，
　　　　　　　出現頭痛和情緒變化，以及／或是感
　　　　　　　覺煩躁或無法專注。

____　____　69. 我很難閱讀光滑紙頁上的文字。

____　____　70. 在閱讀時，文字和字母會轉換、震
　　　　　　　動、模糊、移動、擠在一起、消失或
　　　　　　　變得難以明白。

____　____　71. 在閱讀時，我感覺緊繃、疲倦或睏，
　　　　　　　甚至頭痛。

____　____　72. 我很難判斷距離，並且無法使用電扶
　　　　　　　梯、樓梯、打球或開車。

| 他人 | 自己 |
|------|------|

## 感覺統合問題

＿＿　＿＿　73. 我對環境似乎比其他人更敏感。

＿＿　＿＿　74. 我對噪音比其他人更敏感。

＿＿　＿＿　75. 我對於觸摸或特定的衣物或標籤特別
　　　　　　　敏感。

＿＿　＿＿　76. 我對於某些氣味異常敏感。

＿＿　＿＿　77. 我對於光異常敏感。

＿＿　＿＿　78. 我對於動作很敏感，或特別熱愛旋轉
　　　　　　　的活動。

＿＿　＿＿　79. 我常常笨手笨腳或容易發生意外。

## 注意力不集中

＿＿　＿＿　80. 我無法專注細節或常犯粗心的錯誤。

＿＿　＿＿　81. 我很難對例常的情況維持注意力，例
　　　　　　　如回家作業、家務或文書工作。

＿＿　＿＿　82. 我的聽力有問題。

＿＿　＿＿　83. 我無法完成事情。

＿＿　＿＿　84. 對於時間和空間我的組織力很差，例
　　　　　　　如整理背包、房間、書桌或文書工作。

＿＿　＿＿　85. 我避免、不喜歡或不願意投入需要持
　　　　　　　續投注心力的工作。

| 他人 | 自己 | |
|---|---|---|
| —— | —— | 86. 我常丟東西。 |
| —— | —— | 87. 我很容易分心。 |
| —— | —— | 88. 我很健忘。 |

## 多動／衝動

| 他人 | 自己 | |
|---|---|---|
| —— | —— | 89. 我會煩躁不安或是很難安靜坐著。 |
| —— | —— | 90. 在被期待坐在位子上的情況下，我很難維持坐著不動。 |
| —— | —— | 91. 我會在不太適宜的場合沒有節制地到處跑或爬。 |
| —— | —— | 92. 我很難安靜地玩遊戲。 |
| —— | —— | 93. 我總是「在動」或表現出像是「被引擎推著走」的樣子。 |
| —— | —— | 94. 我說太多話。 |
| —— | —— | 95. 在問題還沒說完前，我的答案就衝口而出。 |
| —— | —— | 96. 我對「等待」有困難。 |
| —— | —— | 97. 我會打斷別人或插隊（例如在對話中搶話或搶著玩遊戲）。 |
| —— | —— | 98. 我很衝動，不先經過思考就說話或做事。 |

# 解析 你是否需要協助？

### 第 1 − 79 題

各組問題中有兩個以上的答案是 3 或 4 分，就應該進一步檢查。考慮諮詢學習障礙專家或學校的心理師，以進行進一步檢驗。

### 第 80 − 98 題

注意力不足過動症（ADHD），80 ～ 88 題和 89 ～ 98 題兩部分合併計算，若分數如下所示，則為合併類型（也就同時有注意力不足及過動問題）：

**高度可能**：6 題的分數是 3 或 4 分
**可能**：5 題的分數是 3 或 4 分
**也許可能**：3 題的分數是 3 或 4 分

注意力缺失（ADD），80 ～ 88 題有五題以上 3 或 4 分；但 89 ～ 98 題有兩題以下答案是 3 或 4 分：

**高度可能**：6 題的分數是 3 或 4 分
**可能**：5 題的分數是 3 或 4 分
**也許可能**：3 題的分數是 3 或 4 分

國家圖書館出版品預行編目資料

適腦學習：5種「腦型」，11種「專屬學習法」，
成績無痛直升！/ 丹尼爾.亞曼 (Daniel G. Amen)
作；陳佳伶譯. -- 臺北市：三采文化股份有限公司，
2021.09　面；　公分. -- (Mind Map; 228)
譯自：Change your brain, change your grades
: the secrets of successful students:sci-
ence-based strategies to boost memory,
strengthen focus, and study faster

ISBN 978-957-658-554-8（平裝）
1. 學習方法 2. 讀書法 3. 腦部

494.35　　　　　　　　　　110010364

Mind Map 228

# 適腦學習

## 5種「腦型」，11種「專屬學習法」，成績無痛直升！

作者｜ 丹尼爾.亞曼 (Daniel G. Amen)　　譯者｜ 陳佳伶
主編｜ 喬郁珊　協力編輯｜ 巫芷紜　審訂｜ 黃馨弘
美術主編｜ 藍秀婷　封面設計｜ 李蕙雲　內頁編排｜ 洪尚鈴

發行人｜ 張輝明　總編輯｜ 曾雅青　發行所｜ 三采文化股份有限公司
地址｜ 台北市內湖區瑞光路 513 巷 33 號 8 樓
傳訊｜ TEL:8797-1234　FAX:8797-1688　網址｜ www.suncolor.com.tw
郵政劃撥｜ 帳號：14319060　戶名：三采文化股份有限公司
本版發行｜ 2021 年 9 月 17 日　定價｜ NT$400

© 2019 by Daniel G. Amen.
Brain Health Assessment (P.39) powered by BrainMD, a division of Amen Clinics.
Complex Chinese edition copyright © 2021 by Sun Color Culture Co., Ltd.
Published by arrangement with BenBella Books, Inc., Folio Literary Management, LLC, and The Grayhawk Agency.
All rights reserved.